Are

Willi Fährmann,
1929 geboren, holte nach einer Maurerlehre
an Abendschulen die Qualifikation zum Studium nach
und studierte anschließend an der pädagogischen Hochschule.
Er arbeitete als Lehrer und als Schulrat.
Er zählt zu den bedeutendsten deutschen Kinder- und
Jugendbuchautoren und erhielt zahlreiche
Auszeichnungen, u. a. den Deutschen Jugendliteraturpreis für
»Der lange Weg des Lukas B.«

Willi Fährmann

Der überaus starke Willibald

Mit Illustrationen von
Werner Blaebst

Auswahlliste zum
Deutschen Jugendliteraturpreis

Ehrenliste zum
Österreichischen Staatspreis
für Kinderliteratur

Zu diesem Taschenbuch liegt eine
Unterrichtserarbeitung vor.
Informationen darüber erhalten Sie beim
Arena Verlag, Würzburg
Telefon: 0931 / 79644-0

In neuer Rechtschreibung

11. Auflage 2001
Gesamtauflage: 191.000 Exemplare
© 1983 by Arena Verlag GmbH, Würzburg
Alle Rechte vorbehalten
Einbandillustration und Innenillustrationen: Werner Blaebst
Gesamtherstellung: Westermann Druck Zwickau GmbH
ISSN 0518-4002
ISBN 3-401-01950-3

n einem großen, grauen Haus
lebte eine muntere
Mäuseschar. Nachts, wenn die
Lampen gelöscht waren und die
Menschenriesen schliefen, kamen die
Mäuse aus ihren Mauselöchern hervor.
Sie fiepten fröhlich, stellten die
Schnurrbarthaare breit nach beiden
Seiten und tollten durch die Räume. In
der Küche suchten sie nach Resten. Im
Esszimmer fanden sie unter dem Tisch
Krumen. Im Wohnzimmer spürten sie
hin und wieder eine Erdnuss auf oder
naschten Schokolade und Pralinen, die

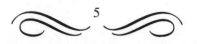

die Menschenriesen auf dem Tisch
liegen gelassen hatten.

Ein Schlaraffenland für die Mäuse war
die reich gefüllte Speisekammer. Wenn
die Tür nicht fest verschlossen war, dann
drängten sich alle durch den Türspalt
hinein. Dort knabberten sie an der
Käserinde, schleckten gelbe Butter,
nagten an der Hartwurst, leckten an der
süßen Aprikosenmarmelade und fraßen
fetten Speck. Waren sie rundum satt,
dann strichen sie sich den Bart und
putzten sich zufrieden das spitze
Schnäuzchen.

So köstlich die Speisen in der
Vorratskammer auch waren, so wurden
sie doch übertroffen von den
Herrlichkeiten im Mäusehimmel. Hoch
oben in der Küche, wohl zwanzig
Mäusesprünge höher als die
Küchenlampe, hingen an einer Stange
duftende Würste und sogar zwei
geräucherte Schinken. Aber diesen
Himmel vermochten die Mäuse nur zu

schauen und zu riechen. Die
Küchenwände waren glatt gekachelt.
Keine Maus hätte aus eigener Kraft zum
Mäusehimmel emporklimmen können.
Die Urmutter des Rudels, die
Mäusesandra, hatte es einmal ernsthaft
versucht. Es war ihr schlecht bekommen.
Sie war aus halber Höhe abgerutscht und
hart auf dem Steinboden aufgeschlagen.
Gelegentlich liefen die Mäuse auch in
den größten Raum des Hauses. Dort
standen viele, viele Bücher in hohen
Regalen. Dicke Bücher gab es und
dünne, schwere Bände mit ledernen
Buchrücken und leichte Bücherheftchen
mit einem Einband aus dünnem Karton;
Bücher mit bunten Bildern standen
neben solchen, in denen sich nur
schwarze, ernste Buchstaben in langen
Zeilen reihten.
Diese Bibliothek war der Tummelplatz
der Mäuse. Zu fressen fanden sie hier
allerdings nur selten etwas. Aber sie
konnten über die Regale rennen, sich

hinter Bücherreihen verstecken, von Bücherstapeln springen, auf Büchertürme klettern und über schräg stehende Bücher hinunterrutschen.

Das größte Vergnügen für die Mäuse war eine Weltreise rund um den Globus. Dieses ziemlich große Modell der Erdkugel stand mitten in der Bibliothek. Seine Achse wurde von einem kunstvoll geschnitzten hölzernen Gestell gehalten. Wenn eine Maus von dem Holzständer auf den Globus kletterte, dann begann der sich allmählich um sich selbst zu drehen. Die Maus musste laufen, wenn sie nicht von dem Erdball hinunterrutschen wollte. Der Globus drehte sich dann immer schneller.

Die Maus aber lief und lief und kam doch nicht vorwärts. Mit flinken Beinen tippelte sie über China und Japan hinweg und überquerte den riesigen Stillen Ozean in weniger als drei Sekunden. Amerika glitt unter ihr dahin

9

und der Atlantische Ozean, schließlich
Portugal, Spanien, das Mittelmeer,
Italien und Griechenland. Die Türkei
und ein Zipfel von Russland wurden
von ein paar Mäuseschritten berührt
und dann ging es wieder von vorn los:
China, Japan, der riesige Stille Ozean . . .
Irgendwann ging auch der kräftigsten
Maus die Puste aus. Der überaus starke
Mäuserich Willibald, der einen
besonders langen Mauseschwanz hatte,
schaffte es zweiunddreißigmal die Erde
zu umrunden. Dann aber rutschte selbst
dieser Mäusekraftprotz über Afrika
hinweg vom Globus hinab und landete
erschöpft auf dem weichen Teppich.
So lebten die Mäuse in dem großen,
grauen Haus, fraßen, spielten und
machten vieles gemeinsam. Eines Nachts
gab es einen heftigen Streit. Die Mäuse
waren aus der Küche ins Wohnzimmer
gelaufen. Nur Lillimaus trödelte noch in
der Nähe des Kochherdes herum, blickte
sehnsüchtig zum Mäusehimmel empor

und versuchte eine Nase voll
Räucherduft einzufangen. Aber da war
doch irgendetwas anders als sonst?
Es roch so eigenartig nach Grün und
Gras. Lillimaus schnupperte und
versuchte herauszuriechen, woher dieser
Geruch kam.
Die Fensterklappe im Küchenfenster, die
sich nur nach außen hin aufdrücken ließ,
war verriegelt. Lillimaus näherte sich der
Tür. Die führte von der Küche in den
Garten hinaus. Erst als sie schon ganz
dicht davor stand, da sah sie, dass die Tür
zum Garten nicht fest geschlossen war.
Ein Schrecken durchfuhr sie heiß von
der Schwanzspitze bis in die
Schnurrbarthaare. Für eine Hausmaus
ist nämlich der Garten eine höchst
gefährliche Gegend. Furchtbare
Geschichten von scharfkralligen Eulen
und stacheligen Igeln schossen ihr durch
den Kopf. Sie sprang vor Entsetzen fünf
Zentimeter hoch und raste in das
Wohnzimmer. Laut schrie sie: »Die Tür!

Die Küchentür! Die Tür zum Garten!«
»Was ist mit der Gartentür?«, fragte
ängstlich die Mausemimi.
»Sie steht offen«, stieß Lillimaus hervor.
Für einen Augenblick erstarrten alle
Mäuse vor Schreck. Dann aber rannte
das Mäuserudel wild durcheinander,
hetzte zu den Mauselöchern und hatte
sich schließlich verkrochen, lange bevor
die Uhr im Wohnzimmer sieben schlug
und das Morgenrot heraufzog.
Am nächsten Abend machte sich der
Mausephilipp auf. Der war mutig genug
und wollte nachsehen, ob die
Menschenköchin wieder vergessen hatte
die Tür zum Garten hin zu schließen. Er
schlich aus dem Mauseloch ins
Wohnzimmer hinaus. Durch den
schmalen Spalt zwischen Schrank und
Wand drängte er sich hindurch und
tastete sich vorsichtig bis in die Küche.
Er reckte die Nase hoch in die Luft und
schnüffelte, aber er roch nichts von Blatt
und Baum. Er sah, dass es mit der

Gartentür und dem Klappfenster diesmal seine Ordnung hatte.

»Kommt ruhig heraus. Heute ist alles sicher«, meldete er.

»Das darf uns nicht noch einmal passieren«, rief der Mausegeorg und atmete erleichtert auf. »Wir wollen beraten, was geschehen soll.«

Den Mausegeorg hatte das Rudel zum Präsidenten gewählt. Er sorgte dafür, dass jede Maus bei den Beratungen zu Wort kam. Wenn alle ihre Meinung gesagt hatten, dann wurde abgestimmt. Wer für einen Vorschlag war, der reckte seinen Mauseschwanz hoch, wer dagegen war, der legte seinen Mauseschwanz platt auf die Erde.

Der Mausegeorg war klug. Er konnte alle Zahlen bis neunundneunzig. Das reichte immer, wenn die Stimmen ausgezählt werden mussten. Die anderen Mäuse waren auch nicht dumm. Sie konnten wenigstens bis sieben zählen. Das war wichtig. Wenn nämlich die große Uhr im

Wohnzimmer siebenmal schlug, mussten alle geschwind in die Mauselöcher, denn dann dauerte es nicht mehr lange, bis die Menschenköchin erschien.

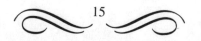

n dieser Nacht nun, als der
Präsident gerade zur großen
Beratung gerufen hatte, da
verbreitete Mausehugo eine fürchterliche
Neuigkeit.

»Denkt euch nur«, sagte er und riss die
Augen weit auf, »eine große, getigerte
Katz soll um das Haus
herumschleichen.«

»Gefährlich, gefährlich«, jammerte
Mausikarin. »Mein Großvater hat
erzählt, dass sein Großvater von einer
Katz erwischt worden ist. Er soll
gerade auf der Fensterbank gesessen und

den Vollmond angesungen haben.«

»Was hat die Katz denn gemacht mit
dem Großvater von deinem Großvater?«,
fragte die Mausemimi und ihr blieb vor
lauter Angst fast die Stimme weg.

»Sie hat den armen Mausemann mit
Haut und Haar . . .«, hier verstummte die
Mausikarin. »Aufgefressen«, wollte sie
nicht aussprechen. Ihr lief auch ohnedies
ein Schauer über den Pelz.

»Lasst die alten Geschichten«, tadelte der
schlaue Mäusejosef die Mausefrauen.
»Überlegt lieber, was wir anfangen
wollen, wenn die große, getigerte Katz
plötzlich in unser Haus eindringt!«

»Wir werden gründlich beraten und
dann abstimmen«, schlug der
Mausepräsident vor. »Ich zähle die
Stimmen aus und dann . . .«

»Lange Beratungen. Natürlich«,
unterbrach ihn die dicke Hermannmaus.
»Anderes fällt dem Herrn Präsidenten
nicht ein. Lange Beratungen wären unser
schnelles Ende.«

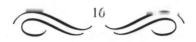

16

Der schlaue Mäusejosef nickte heftig mit
dem Kopf und fuhr fort:
»Ein Präsident lässt reden und reden und
abstimmen und abstimmen. Dann zählt
er und zählt er, und wenn er endlich
fertig ist, dann hat die Katz uns längst
gekrallt.«
»Ins Loch müssten wir fliehen«, sagte
Lillimaus. »Im Loch sind wir sicher.«
»Ja, ja«, stimmte Mäusefriederike zu.
»Meine Freundin Lillimaus hat Recht. In
unserem Loch sind wir vor jeder Katz
sicher und können in Ruhe beraten.«
»Lillimaus soll schweigen«, brüllte der
überaus starke Willibald. »Schweigen
soll sie! Wer weiß, vielleicht haben wir
den ganzen Schrecken nur ihr zu
verdanken. Sie hat gesehen, dass die Tür
zum Garten nicht geschlossen war. Wie
kommt es, dass wir das nicht auch
gesehen haben? Wir waren doch alle in
der Küche!«
Als die Mäuse verdutzt schwiegen, fuhr
Willibald fort: »Ich will es euch sagen.

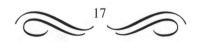

Ich nehme an, dass Lillimaus selbst die Tür geöffnet hat.«

»Warum sollte Lillimaus das tun?«, fragte Karlemaus ungläubig.

»Weil sie keinen anständigen grauen Pelz hat. Weil sie weiß ist, weiß wie die Kacheln in der Küche. Weil sie hässliche rote Augen hat«, sagte Willibald gehässig. »Sie gehört gar nicht zu unserem Rudel. Vielleicht hat gerade sie die große, getigerte Katz angelockt. Eine weiße Maus, das weiß doch jedes Mausekind, die kann man schon von ferne erkennen. Anständige graue Mäuse dagegen fallen nicht auf. Lillimaus ist eine Gefahr für uns alle!«

Eines stimmte: Bis auf Lillimaus waren alle Mäuse grau.

Einige hatten, bei Licht besehen, einen bräunlichen Schimmer. Nur Lillimaus war schneeweiß und hatte rubinrote Augen. »Lillimaus ist ein Albino«, wollte der Mäusepräsident erklären, aber der überaus starke Willibald blickte ihn

drohend an und streckte seinen kräftigen, langen Mauseschwanz angriffslustig in die Luft. Da bekam der Mausepräsident Angst und das Wort blieb ihm im Halse stecken. Er murmelte sehr leise vor sich hin: »Ein Albino hat keinen Farbstoff in Haar und Haut. Das ist alles.« Aber mehr sagte er nicht.

»Lillimaus soll den Mund halten«, keifte Mausikarin. »Sie ist keine von uns. Den Mund halten soll sie. Mit einem Präsidenten dauert alles viel zu lange. Er schwätzt und schwätzt. Jeder will sich wichtig tun.«

»Wir brauchen kein langes Gerede«, sagte der schlaue Mäusejosef. »Wenn einer ganz allein zu bestimmen hat, dann geht alles schneller. Ruck, zuck.«

Die dicke Hermannmaus rief: »Wir brauchen keine Wahl. Wir brauchen keinen Präsidenten. Was wir in diesem Haus brauchen, ist ein Mäuseboss. Punktum.«

»Wenn wir einen starken Mäuseboss

haben, dann geht alles besser. Und
schneller. Alles wird sicherer.
Ruck, zuck«, wiederholte der schlaue
Mäusejosef. »Keine Maus braucht mehr
die Katz zu fürchten!«
»Es ist auch ohne Boss ganz schön bei
uns«, fiepte Lillimaus. »Wir haben doch
einen guten Präsidenten gewählt. Wozu
brauchen freie Mäuse einen . . .«
»Ruhe!«, brüllte der überaus starke
Willibald. »Der Mausegeorg wird
abgesetzt!« Er reckte sich hoch auf und
rief mit feierlichem Ton: »In
gefährlichen Zeiten braucht ein Rudel
einen richtigen Boss. Ich werde euer Boss
sein. Punktum. Ich, der überaus starke
Willibald. So wahr ich einen kräftigen,
langen Mauseschwanz mein Eigen
nennen kann.«
Er sprang auf den Globus und rannte,
wie noch nie zuvor eine Maus gerannt
war. Der ganze Erdball erzitterte unter
den Tritten des überaus starken
Willibald. Er rannte über China hinweg

und über Japan und über den riesigen
Stillen Ozean und rannte und rannte.
Schließlich rutschte er längs über ganz
Afrika und plumpste auf den Teppich.
»Dreiunddreißig!« Der abgesetzte
Präsident hatte laut mitgezählt und alle
Mäuse staunten über diese Leistung.
»Dreiunddreißig!«, wiederholte
Mausikarin ganz andächtig.
»Dreiunddreißig, und er hat viele Länder
unter seinen Füßen gehabt.«
»Willibald«, schrie die dicke
Hermannmaus und ihre Stimme
überschlug sich fast vor Begeisterung,
»kein anderer als der überaus starke
Willibald soll unser Mäuseboss sein.
Punktum.«
Viele Mäuse aus dem Rudel jubelten
Willibald zu. Der schwang sich auf die
Lehne des roten Plüschsessels und
winkte den Mäusen huldvoll zu. Um ihn
hatte sich ein Trupp starker, junger
Mäuse geschart, der wild und
entschlossen auf das Rudel

hinabschaute. Lillimaus hockte sich tief in den Schatten eines dicken Buches. Ihr Pelz sträubte sich und die Schnurrbarthaare zitterten. Sie fürchtete sich vor allem, was nun folgen musste. Es konnte sie auch nicht trösten, dass Willibald versprach, er wolle dafür sorgen, dass alle Mäuse satt würden, dass alle Mäuse in Sicherheit leben könnten, dass alle Mäuse das Paradies auf Erden bekämen. Und genau das und noch viel mehr versprach Willibald in den ersten Tagen seiner Herrschaft.

Der überaus starke Willibald herrschte überaus streng. Oft ließ er die Mäuse in langer Reihe hintereinander laufen und auch schnurgerade nebeneinander in Dreierreihen. Sonntags marschierten sie sogar in Reihen zu sechsen. Der schlaue Mäusejosef und die dicke Hermannmaus gaben die Befehle. Willibalds Mäusetrupp, der den großen Boss auf Schritt und Tritt begleitete, achtete darauf, dass keine Maus aus der Reihe tanzte.

»Wenn die getigerte Katz kommt, dann

muss alles äußerst schnell gehen«,
verkündete der schlaue Mäusejosef.
»Deshalb müssen wir flink werden, hart
sein und zäh üben.«
Die dicke Hermannmaus schrie
begeistert: »Flink wie Fledermäuse, hart
wie Tirolerbrot, zäh wie
Schweineschwarte.«
Auch wurden neue Lieder eingeübt. Das
machte der überaus starke Willibald
höchstpersönlich. Er hatte nämlich einen
tiefen, wohlklingenden Mäusebass. Sein
Lieblingslied musste jede Nacht zweimal
gesungen werden. Wenn es angestimmt
wurde, dann hatten alle Mäuse steif und
still zu stehen und sollten aus voller
Kehle singen.
»Wir müssen dem Lied ein ganz
besonderes Zeichen hinzufügen«, schlug
die dicke Hermannmaus vor. »Ich denke
daran, dass alle Mäuse, während das
Lied erschallt, ihre rechte Pfote
andächtig gegen die Mausenase legen.
Das ist eine würdige Haltung.«

»Würde ist wichtig«, stimmte der
überaus starke Willibald zu. »Würde
passt zu der feierlichen Melodie.«
Der schlaue Mäusejosef sagte:
»Wirklich ein sehr guter Vorschlag. Wir
können auf einen Blick überprüfen, ob
tatsächlich alle mitmachen.«
Der Text des Liedes strahlte Mut und
Entschlossenheit aus: Er lautete:

> Vor unsern Mäusetatzen,
> da zittern alle Katzen.
> Kommt eine Katz in unser Haus,
> wir zupfen ihr den Schwanz
> und rupfen ihr die Krallen aus
> und tanzen einen Tanz.
> So zittern alle Katzen
> vor unsern Mäusetatzen.

Während sie laut sangen oder stumm
marschierten, konnte es geschehen, dass
der überaus starke Willibald rief: »Die
Katz! Die Katz!«
Dann sausten alle Mäuse so schnell sie

nur konnten in ihre Löcher.

»Sie spuren immer besser«, sagte dann Willibald zufrieden und zwinkerte dem schlauen Mäusejosef vergnügt zu und die dicke Hermannmaus rief: »Flink wie Fledermäuse, hart wie Tirolerbrot, zäh wie Schweineschwarte.«

Ab und zu wurde das sture Herummarschieren den Mäusen lästig. Karlemaus wagte einmal zu maulen: »Muss das denn wirklich alles sein?«

Die Mäusefriederike fuhr fort: »Ich habe die Katz noch nie gesehen.«

»Ihr Mäusebrut!«, kreischte der schlaue Mäusejosef.

»Ihr Mäusepack! Ihr Schweinemäuse! Ihr elenden Duckmäuser! Ihr Mausgesindel!«, ereiferte sich die dicke Hermannmaus und ihre fetten Mausebäckchen zitterten vor Empörung. Der Mäusetrupp rings um Willibald richtete sich drohend auf.

»Ihr gehört wohl zu der üblen Rasse der Lillimäuse?«, fragte der überaus starke

Willibald streng.

»Nein, nein. Wir sind doch nicht weiß«, lenkte Karlemaus ein.

»Ich habe nicht einmal unter meinen Vorfahren Mäuse mit roten Augen«, beteuerte Mäusefriederike.

»Ein Boss, ein Haus, ein Rudel!«, schrie Mausikarin und fast alle Mäuse stimmten laut ein. Karlemaus jedoch und auch die Mäusefriederike sprachen die Worte leise, sehr leise und sie schämten sich ein wenig dabei.

Der überaus starke Willibald war nun schon drei Monate Mäuseboss. In dem großen, grauen Haus hatte er alles geregelt. Ruck, zuck. Er verbot das Klettern und Spielen in der Bibliothek. Punktum. Es war nicht mehr erlaubt auf dem Globus über die Welt zu rennen. Niemand rutschte mehr über schräg gestellte Bücher. Wer sich hinter den Buchreihen versteckte, der machte sich verdächtig. Nur auf dem Pendel der großen Uhr im Wohnzimmer durfte noch gelegentlich geschaukelt werden. Eines Nachts rief der überaus starke Willibald alle Mäuse zusammen und hielt eine bedeutende Rede.

»Die Katz«, begann er, »ist groß und getigert und ist ungewöhnlich gefährlich. Sie trachtet uns friedlichem Mäusevolk nach dem Leben. Deshalb muss bei uns alles noch schneller und noch besser gehen. Flink wie Fledermäuse, hart wie Tirolerbrot, zäh wie Schweineschwarte. Vor allem ist es nicht gut, dass wir so wenig Ordnung haben. Ich will mehr Ordnung. Jeder auf seinem Platz! Dann wird alles schneller gehen und alles wird besser sein. Ruck, zuck.«

»Bravo, so ist es, bravo, Boss«, rief der schlaue Mäusejosef.

»Deshalb ordne ich an«, sagte der überaus starke Willibald, »dass wir das Haus einteilen. Es frisst nicht länger jeder, wo er etwas zu fressen findet. In unserer Mäuseschar soll jede Maus ihren festen Platz haben. Punktum.«

»Richtig so! Bravo, Boss«, brummte die

UNSER MAUS!

dicke Hermannmaus. »Wäre ja auch
schlimm, wenn jeder sich aufhalten
könnte, wo er wollte. Ein
Durcheinander wäre das.«
»Numero eins: Mäuseminna und
Mäusepitt gehen mit ihrer Familie in
Zukunft in die Küche«, ordnete
Willibald an.
Schön, dachten Minna und Pitt. In
der Küche lässt sich gut speisen. Und der
Mäusehimmel hängt über uns. Vielleicht
fällt doch einmal ein Wurstzipfel für uns
herab.
»Numero zwo: Mausehugo und
Paulamaus und alle, die dazugehören,
bleiben ab heute im Speisezimmer.«
Das klingt gut, dachten Hugo und
Paula. Im Esszimmer findet sich immer
ein Leckerbissen.
So verteilte der überaus starke Willibald
die Räume im ganzen Haus. Numero
drei: den Vorratskeller an die
Mausikarin, Numero vier: das
Wohnzimmer an die Mausemimi, den

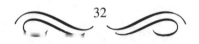

blauen Salon bekam Numero fünf, die
Mauseerna, zugewiesen, die Waschküche,
Numero sechs, sollte der Platz für den
Mäuseemil werden, in das Büro wurde
der Mausephilipp, Numero sieben,
geschickt, Numero acht: Das
Kinderzimmer erhielt die Mauseberta.
Das Herrenzimmer, ein
rauchverqualmter Ort, ging, Numero
neun, an den abgesetzten Präsidenten.
Numero zehn: Die Abstellkammer
schließlich blieb für Mäusefriederike und
Karlemaus übrig. Der Boss nannte
immer nur die Namen dieser Mäuse,
aber er meinte selbstverständlich den
ganzen Anhang mit, die jeweilige
Familie, die Kindermäuse,
Tantenmäuse, Mäuseonkel, Mäuseneffen
und Nichtenmäuse, alle eben, mausejung
und mausealt. Nur bei Lillimaus, die
eigentlich zur Karlemaus-Sippe gehörte,
machte er eine Ausnahme. Als alle ihren
Platz zugewiesen bekommen hatten,
sagte er: »Das rotäugige Mausedämchen

geht nicht mit seiner Familie.«

»Wo soll Lillimaus denn bleiben?«, fragte Mäusefriederike.

»Numero Schluss: Lillimaus, das weiße Scheusal, geht in die Bibliothek«, befahl Willibald streng. »Allein. Sozusagen zu ihrem eigenen Schutz. Das Rudel ist wütend auf sie. Schließlich hat sie uns alle in Gefahr gebracht und die Tür zum Garten geöffnet.«

»In einer Bibliothek gibt es nichts zu beißen«, rief Karlemaus erschrocken. »Lillimaus wird hungern.«

»Dann kommt sie wenigstens nicht auf dumme Gedanken«, antwortete der schlaue Mäusejosef. »Außerdem kann sie sich freuen, dass wir sie überhaupt noch bei uns dulden. In den Garten sollten wir sie jagen, in den Garten zu der Katz. Raus mit ihr durch die Fensterklappe. Ihr weißes Fell, ihre eklig roten Augen, die zeigen es doch deutlich: Sie gehört nicht zu uns.«

»Aber sie ist doch von Geburt an bei uns

gewesen«, flüsterte Mäusefriederike. »Sie
tut doch niemandem etwas zu Leide«,
sagte der Mausephilipp.

»Ich habe ihre Mutter gut gekannt«,
muckte Karlemaus auf. »Sie ist aus
unserer Großfamilie.«

Der überaus starke Willibald wusste
darauf nichts Rechtes zu sagen. Wie
immer, wenn er nicht weiterwusste,
brüllte er:

»Die Katz, die Katz!«

Da verschwanden alle flugs in ihren
Löchern. Wer wollte schon der großen,
getigerten Katze unter die Krallen fallen.

»Die Vorratskammer mit all den
leckeren Sachen hat er gar nicht
verteilt«, tuschelte Karlemaus der
Mäusefriederike ins Ohr.

»Klar«, antwortete sie, »die
Vorratskammer mit all ihren Schätzen,
die ist für den Mäusejosef, für die dicke
Hermannmaus und für den überaus
starken Boss selbst. Er sorgt sich sicher,
dass sein kräftiger, langer Schwanz zu

dünn werden könnte, wenn er nicht die
fettesten Bissen zu kauen hat.«

So kam es, dass Lillimaus viele Nächte allein in der weitläufigen Bibliothek verbrachte. Sie rutschte heimlich von schräg gestellten Büchern, hüpfte Büchertreppen hinauf und hinunter und begann vor lauter Langeweile das Zählen zu üben. Sie versuchte herauszubekommen, wie viele Bücher wohl in der Bibliothek ihren Platz hatten. Bald konnte sie geläufiger zählen, als der abgesetzte Präsident, der Mausegeorg, es je vermocht hatte. Wenn sie jedoch die abenteuerlich große Zahl Tausend überschritten hatte, dann verzählte sie

sich meist und musste wieder bei 1
beginnen. Dann und wann schaute auch
der Mausephilipp herein und berichtete
von den Ereignissen, die sich im Haus
zugetragen hatten. Es war zwar verboten
worden Lillimaus zu besuchen, aber der
Mausephilipp war ein mutiger, junger
Mausemann und setzte sich über
manches hinweg, was dem Boss an neuen
Gesetzen eingefallen war.
Mausephilipp wusste, dass Lillimaus
Unrecht angetan wurde. Darüber ärgerte
er sich. Wenigstens er wollte sich daran
nicht beteiligen.
Von Zeit zu Zeit rief der überaus starke
Willibald die Mäuse zusammen. Obwohl
es fast immer unangenehme Neuigkeiten
waren, die er verkündete, so verkürzten
sie doch der Lillimaus die langen,
einsamen Stunden ein wenig. Einmal
schrie der schlaue Mäusejosef:
»Mäusevolk, ins Wohnzimmer.
Ruck, zuck. Unser Mäuseboss hat einen
wunderbaren Plan. Alles wird sicherer.

Los, los!«

Der überaus starke Willibald thronte schon auf dem Armpolster des roten Plüschsessels. Schließlich waren alle Mäuse versammelt. Er sprach:

»Ihr alle wisst, dass die große, getigerte Katz da draußen im Garten lauert und darauf wartet, dass sie hereinschleichen kann. Katzentatzen sind wie Samt. Wer kann sie hören? Selbst mein empfindliches Mäuseohr muss da versagen. Ich habe daher lange überlegt, was wir anstellen können, damit die Katz nicht unbemerkt hereingelangen kann.«

»Wir nageln die Fensterklappe zu«, rief der Mäusepitt.

»Unsinn«, erwiderte der schlaue Mäusejosef, »die geht doch nur nach außen auf. Vom Garten her kann niemand in die Küche gelangen. Auch nicht die Katz.«

»Wir achten darauf, dass die Tür immer dicht ist«, schlug der Mausephilipp vor.

»Gut, aber nicht ganz gut«, urteilte

Willibald. »Sie könnte ja, wie unlängst durch Lillimaus verschuldet, doch einmal offen stehen.«

Lillimaus wagte nicht zu widersprechen. Es war ja alles ganz anders gewesen. Aber was sollte sie machen?

»Ich habe einen Vorschlag, der viel, viel sicherer ist«, fuhr der überaus starke Willibald nach einer kleinen Pause fort. »In der Speisekammer steht ein ganzer Sack voll trockener, grasgrüner Erbsen. Kugelrund sind die. Diese Erbsen streuen wir in breiten Streifen in der Küche aus, und zwar vor der Tür zum Garten hin.«

»Bravo«, begeisterte sich die dicke Hermannmaus. »Dann ist alles ganz sicher.«

»Ja«, erklärte der schlaue Mäusejosef. »Ganz, ganz sicher. Wenn nämlich die Katz mit ihren Samtpfoten über die Erbsen schleicht, dann beginnen die zu kullern. Das kann selbst die halb taube Mauseerna noch hören.«

»Und so erreichen wir sicher unsere
Mauselöcher«, schloss der überaus starke
Willibald seine Rede.

»Jawohl!«, schrie die dicke
Hermannmaus. »Flink wie Fledermäuse,
hart wie Tirolerbrot, zäh wie
Schweineschwarte.«

»Bravo, bravissimo«, jubelte Mausikarin.
»Das ist ein hervorragender Plan.«

»Endlich Sicherheit«, seufzte
Mausemimi selig.

Lillimaus tuschelte mit ihrer Freundin.
Nach einer Weile nickte Mäusefriederike
und sagte: »Ich werde ganz einfach
fragen.«

Sie richtete sich auf und sprach:
»Wirklich ein Plan, der gelingen kann.
Aber, was geschieht, wenn die große Uhr
sieben schlägt? Wenn wir ins Loch
schlüpfen und die Menschenköchin in
die Küche kommt? Wenn sie die Erbsen
auf dem Boden sieht? Was geschieht
dann?«

Willibald und die dicke Hermannmaus

und der schlaue Mäusejosef steckten
einen Augenblick die Köpfe zusammen.
Doch dann hob der Boss sein Haupt und
sagte: »Alles längst bedacht. Schließlich
ist der Boss dazu da, dass er denkt und
dass er lenkt.«

»Ein Boss, ein Haus, ein Rudel!«, stimmte
die dicke Hermannmaus an.

»Ganz genau«, bestätigte der überaus
starke Willibald. »Es ist doch klar wie
Mäuseschweiß, dass wir die Erbsen
abends ausstreuen und vor
Glockenschlag sieben wieder
einsammeln. Denn den Tag über
brauchen wir die Katz nicht zu fürchten,
weil wir ja dann sicher in unseren
Löchern sitzen.«

Das leuchtete allen ein. Erst in den
nächsten Nächten wurde ihnen klar, was
sie sich da aufgehalst hatten. Das
Ausstreuen war ja noch lustig und auch
schnell erledigt. Aber Erbsen
einsammeln, das war eine mühsame
Arbeit. Gelegentlich seufzte eine Maus:

»Flink, hart, zäh«, aber fröhlicher wurde niemand davon.

Sie kamen immer seltener dazu, auf dem Uhrpendel in der Küche zu schaukeln oder in der Küche unter dem tropfenden Wasserhahn herzulaufen, ohne nass zu werden. Oft hatten sie in großer Hast gerade die letzte Erbse fortgetragen, dann schlug die Uhr sieben. Die Mäuseschwänze waren noch nicht ganz im Loch verschwunden, da trat die Menschenköchin in die Küche.

Und wenn die kleinen Mäuse noch etwas mehr fürchteten als die große, getigerte Katze, dann war es ein Menschenriese mit seinen unheimlich großen Füßen. Deshalb vermieden sie es unter allen Umständen der Menschenköchin unter die Augen zu kommen.

Andererseits mochten die Mäuse die dicke Köchin recht gut leiden. Das hing mit einer besonderen Gabe dieser Menschenriesin zusammen. Sie konnte nämlich wunderbare Geschichten erzählen. Am Abend, wenn die Arbeit getan war, löschte die Köchin das Licht. Sie saß gern im Halbdunkel. Das Feuer im großen Herd schickte seinen Flackerschein durch Ritzen und Spalten und jagte rötliche Lichtflecken und blaue Schatten über die weißen Kacheln der Wände. Oft schlüpfte dann der kleine Menschenriese zu der Köchin in die Küche und hockte sich dicht neben sie. Er kannte einen Zauberspruch. Fest schaute er der dicken Frau ins Gesicht und murmelte beschwörend:

»Lotta, Lotta, Lotta, erzähl mir von früher, von früher, von früher.«

Meist ließ sich Lotta bezaubern und begann herrliche Geschichten aus alten Zeiten zu erzählen. Es war die Rede von gelenkigen Akrobaten, die auf ihren Händen laufen konnten, von wilden Indianern, denen Federn auf dem Kopfe wuchsen, von Ochs und Esel, von großen Segelschiffen, die über ferne Meere und reißende Ströme schwammen, von

44

flatternden Fledermäusen und
fliegenden Fischen.

Am liebsten aber hörte der kleine
Menschenriese Märchen. Die Köchin
hatte ihm schon sechsundfünfzigmal
»Schneewittchen« erzählt und
dreiundsiebzigmal sein
Lieblingsmärchen »Dornröschen«. Der
Mausegeorg hatte genau mitgezählt und
das Zählen war seine starke Seite.
Niemals änderte die Köchin in den
Märchen auch nur ein einziges Wort, so
gut kannte sie sich aus.

Wenn die Menschenriesin am Abend zu
erzählen begann, dann schlichen sich die
Mäuse leise, ganz leise aus ihren
Löchern, blieben nicht zu weit vom
Einschlupf in den Schatten verborgen
und lauschten atemlos all den
Geschichten aus der anderen Welt.
Reckte sich die Köchin aber und erhob
sich von ihrem Stuhl, dann, husch,
husch, waren die Mäuse wieder in ihren
Löchern verschwunden.

ine Woche lang ging es mit der Erbsenarbeit schon hin, da behauptete Mausephilipp eines Nachts: »Ich habe zwei Stunden lang aus dem Küchenfenster in den Garten geschaut. Der Mond glänzte voll und rund. Ich konnte weit sehen, weit bis hin zum Gartenzaun.«

»Auch unter die Bäume konntest du sehen?«, fragte die ängstliche Mausemimi.

»Auch unter die Bäume.«

»Und was hast du gesehen?«,

fragte Mauseberta neugierig.

»Ich habe das Wasser im Bach hinter dem Garten glitzern sehen«, antwortete der Mausephilipp. »Ich habe sogar eine Haselmaus durchs Gras huschen sehen.«

»Was ist mit der Katz? Hast du die Katz nicht gesehen?«, wollte Mausehugo wissen.

»Nein. Ich habe die Augen so angestrengt, dass sie tränten. Aber eine Katz habe ich weit und breit nicht gesehen.«

Die Mäuse wurden nachdenklich und schauten den überaus starken Willibald misstrauisch an. Sollte es am Ende gar keine Katze im Garten geben?

Willibald wurde es unter den Mäuseblicken höchst unbehaglich zu Mute.

Aber da ergriff der schlaue Mäusejosef das Wort und sagte:

»Wie tröstlich, lieber Mausephilipp, dass die Katz zu dieser Stunde außerhalb unseres Gartens war. Vermutlich hat sie

ihren Kater besucht. Aber stell dir vor,
lieber Freund, du hättest die Katz
tatsächlich gesehen!«
Mäusejosef blickte ernst in die Runde.
»Die riesigen, grünen Katzenaugen
funkeln im Mondlicht.«
Allen war so, als ob die schrecklichen
Augen sie wirklich anstarrten.
»Die spitzen, langen Fangzähne! Die
vier mal fünf säbelscharfen Krallen!«
Mäusejosef flüsterte nur noch.
»Uuuh«, graulte sich Mausemimi, »hör
auf, hör bitte, bitte auf.« Aber der
schlaue Mäusejosef hatte sich jetzt erst
richtig heiß geredet und dachte nicht
daran, seine Gruselgeschichte
abzubrechen.
»Denkt doch zurück, ihr grauen Mäuse
im großen Haus. Denkt doch an die
vergangenen Zeiten. Wie war es denn,
als sich unser Stammvater, der
Mäuseköbes, damals als uralter und
erfahrener Mann, als er sich damals
plötzlich einer Katz Auge in Auge

gegenübersah! Ihr wisst es alle. Vor
Schreck traf ihn der Schlag. Mausetot fiel
er um.«

Mäusejosef legte eine Gedenkminute ein
für jene Maus, die vor Jahren als Erste in
das große, graue Haus gekommen war
und hier mit der Stammmutter, der
Mäusesandra, die Familie gründete, aus
der das stattliche Mäuserudel
hervorgegangen war.

»Wie gut also«, und hier hob der schlaue
Mäusejosef seine Stimme, »wie gut also,
dass unser lieber Mausephilipp keine
Katz gesehen hat. Es ist ihm, dem
Himmel sei Dank, das schlimme
Schicksal unseres Stammvaters erspart
geblieben.«

Die Mäuse nickten beifällig und kaum
eine von ihnen hörte, dass der
Mausephilipp der Karlemaus zuraunte:
»Alles Schwindel. Den Mäuseköbes hat
damals die Katz gefressen. Ich wäre
jedenfalls nicht vor Schreck von der
Fensterbank gefallen, wenn ich die Katz

im Garten erblickt hätte. Außerdem wäre
ja noch die Glasscheibe zwischen mir
und dem Garten gewesen. Der Mäusejosef kann mich mit so was doch nicht
Bange machen.«

»Erbsen auflesen, Erbsen auflesen!«,
schallte der Befehl durch das Haus und
alle Mäuse mussten sich sputen, denn die
Uhr lief schon bedrohlich auf sieben zu.

»Gleich kommt: Flink, hart, zäh«,
flüsterte der Mausephilipp der Lillimaus
zu. Und richtig, schon trompetete die
dicke Hermannmaus: »Flink wie
Fledermäuse, hart wie Tirolerbrot, zäh
wie Schweineschwarte.«

An diesem Tag kamen der Willibald, die
Hermannmaus und der schlaue
Mäusejosef kaum zur Ruhe. Sie berieten
und berieten. Die Hermannmaus
schnatterte besorgt: »So etwas darf uns
nicht noch einmal passieren. Das war ja
schon fast ein Aufstand, eine Revolution
war das. Brr.« Er schüttelte sich.

»Genau«, stimmte der überaus starke

Willibald zu. »Das nagt an unserer Sicherheit. Das muss in Zukunft unterbunden werden.«

»Ich hätte eine Idee.« Der schlaue Mäusejosef zögerte noch eine Weile, dann aber schlug er doch vor, wie in Zukunft so eine Gefahr für Rudel, Haus und Boss vermieden werden könnte.

»Wir müssen es erreichen, dass niemand mehr nach draußen in den Garten schauen kann. Was geht es die Mäuse an, was draußen geschieht? Das lenkt sie nur ab von den Gefahren im Haus. Wer zu viel sieht, der denkt zu viel. Wer denkt, der ist gefährlich.«

»Gut. Aber nicht ganz gut«, antwortete Willibald. »Du musst noch sagen, wie du das fertig bringen willst. Glasscheiben sind nun mal durchsichtig.«

»Binden vor die Augen«, stieß die Hermannmaus hervor. »Allen Mäusen eine Binde vor die Augen.«

Manchmal ist unsere Hermannmaus ganz und gar dumm, dachte der

Mäusejosef. Er ging gar nicht darauf ein
und fuhr fort: »Nein, nein. Wir müssen
das Fenster verhängen.«

»Das Fenster verhängen?«, fragten
Willibald und die Hermannmaus
gleichzeitig. Willibald erholte sich von
seiner Verwunderung als Erster. Er
musste lachen und sagte:

»Ich bin zwar der überaus starke
Willibald und die stärkste Maus weit und
breit. Punktum. Aber ein Tuch, so groß,
dass man damit das Fenster verhängen
kann, das kann keine Maus auf der Welt
tragen.«

»Es hängt bereits«, behauptete der
schlaue Mäusejosef. »Denkt doch bitte
einmal an die Übergardine.«

»An die Übergardine?«, wiederholte die
Hermannmaus begriffsstutzig.

»Ja, an den Vorhang mit dem
Rosenmuster«, erklärte der Mäusejosef
geduldig.

»Schön ist der Vorhang ja. Die
herrlichen dunkelroten Rosen«,

schwärmte die Hermannmaus. »Aber der
Vorhang hängt links und der Vorhang
hängt rechts. Er hängt schon immer da.
Das Fenster bleibt frei.«

»Man kann den Vorhang zuziehen.
Hast du nie die beiden Schnüre
mit den gelben Troddeln bemerkt?«

»Doch«, bestätigte die Hermannmaus.
»Ich bin sogar schon daran
hochgeklettert. Aber der Vorhang hat
sich dabei nicht einmal bewegt.«

»Du bist zwar dick und schwer, aber für
den Vorhang bist selbst du noch zu leicht.«
Der Mäusejosef lächelte boshaft, denn er
wusste, dass die dicke Hermannmaus
nichts mehr hasste, als wenn die Rede auf
ihre Leibesfülle kam.

»Ich bin eben so veranlagt«, keifte sie
erbittert. »Bei mir verwandelt sich jeder
Bissen in eine neue Speckfalte.«

»Friss lieber nicht so viel«, tadelte der
überaus starke Willibald.

»Lass ihn fressen, Boss«, sagte der schlaue
Mäusejosef. »Für den Vorhang brauchen

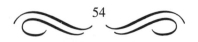

wir jedes Gramm Gewicht. Wenn wir
Mäuse uns nämlich alle an die Schnur
hängen, dann können wir vielleicht mit
einem kräftigen Ruckzuck den Vorhang
abends zu- und morgens aufziehen.«
»Das werden wir versuchen. Punktum.«
Mit diesen Worten beendete der überaus
starke Willibald die Beratung, gähnte
gewaltig und rollte sich zur Ruhe
zusammen; denn es war schon lange
über Mittag. Er schlief sogleich ein und
träumte davon, dass sein Rudel ihm eines
Tages eine goldene Krone auf das Haupt
setzen und eine rote Samtschleife um
den Schwanz binden würde.

ie Menschenköchin hatte am Abend dem kleinen Menschenriesen zum vierundsiebzigsten Male »Dornröschen« erzählt und hatte erst spät die Küche verlassen. Gleich darauf wurden die Mäuse im Wohnzimmer zusammengerufen.

»Ich habe zum Schutz und zur Sicherheit für euch einen großartigen Plan ausgedacht«, begann der überaus starke Willibald.

»Bravo, Boss«, schrie Mausikarin, aber nur wenige Mäuse stimmten in den

Jubelruf ein. Das Rudel hatte begriffen, dass Willibalds Pläne meist mit mühsamer Arbeit verbunden waren.

»Ich werde euch davor bewahren, dass die Katz euch sieht.« Willibalds Blick fiel auf Lillimaus. Da wurde doch tatsächlich herumgequatscht, während er eine wichtige Rede hielt!

»Er will der Katz Sand in die Augen streuen«, spottete der Mausephilipp leise.

»Uns will er Sand in die Augen streuen«, flüsterte Lillimaus.

Willibald konnte zwar nicht verstehen, was gesagt wurde, aber wütend brüllte er:

»Lillimaus, raus! Ab in die Bibliothek! Du weißes Gesindel, du bist es gar nicht wert meine geheimen Pläne zu erfahren. Verjagen sollte man dich, ab durch die Fensterklappe in den Garten, damit die Katz dich krallen kann!«

Lillimaus schaute sich um. Wo waren ihre Freunde? Die aber hatten sich voller

Angst in die tiefen Schatten geduckt.
Traurig verließ sie das Rudel und schlich
in die Bibliothek. Willibald begann ein
zweites Mal mit seiner Rede:
»Nie mehr, liebes Rudel, soll die
gefährliche Katz die Möglichkeit haben
durch das Fenster in unser Haus zu
schauen. Sie darf uns nie mehr
ausspionieren. Nie wieder sollen uns die
grünen Augen einen Schrecken einjagen.
Ich habe mir den Kopf zermartert, wie
wir das Haus sicher machen können. Die
Rettung ist: Wir schließen den Vorhang.
Dann ist das Haus dicht. Punktum.
Keiner kann dann mehr hereinstarren.«
»Und keiner von uns kann mehr sehen,
ob wirklich eine Katz im Garten ist«,
flüsterte Mäusefriederike. Der Boss aber
erläuterte den Mäusen den Plan und sie
bewunderten seinen kühnen
Erfindergeist. Als Mausikarin diesmal
schrie: »Ein Boss, ein Haus, ein Rudel«,
da wollte kaum eine Maus stumm
bleiben und die alte Begeisterung

flammte wieder auf. Sie kletterten
schnell die Gardinenschnur hinauf. Der
Boss blieb auf der Sessellehne sitzen und
gab die Befehle.

»Ruck, zuck!«, schrie er. »Ruck, zuck!« Vor
allem Willibalds Mäusetrupp legte sich
mächtig ins Zeug. Der Vorhang zitterte
ein wenig, aber er rührte sich nicht.
Selbst die dicke Hermannmaus strengte
sich an und zog aus Leibeskräften. Sie
feuerte das Rudel an und keuchte: »Los!
Los! Flink wie Fledermäuse, hart wie
Tirolerbrot, zäh wie Schweineschwarte.«

»Es fehlt nur ein klitzekleines Gewicht,
dann wird es gelingen«, behauptete
Mäusejosef.

»Lillimaus ist doch noch da. Sie hockt
allein in der Bibliothek«, erinnerte
Mäusefriederike an ihre Freundin.

»Richtig«, rief Willibald. »Wenn
gearbeitet werden muss, dann macht sie
sich aus dem Staub. Die weiße Brut
stinkt vor Faulheit.« Er sprang vom
Sessel und rief nach Lillimaus. Auch die

musste sich an die Schnur hängen. Der Vorhang jedoch war schon viele Monate nicht mehr zugezogen worden und bewegte sich nicht. Schon begannen Karlemaus und der Mausephilipp schadenfroh zu grinsen, da sprang der überaus starke Willibald voller Wut ebenfalls an die Schnur und brüllte: »Ruck, zuck, ruck, zuck! Für Rudel, Haus und Mäuseboss.« Tatsächlich genügte nun das vielfache Mausegewicht. Sie zogen die Schnur abwärts und der Vorhang schloss sich. Das Mäuserudel schrie jetzt wild und wie betrunken von dem Erfolg: »Ein Boss, ein Haus, ein Rudel!«, und: »Bravo, Boss, bravo, bravo, bravo!«

Die Mäuse begannen schließlich ein neues Lied zu singen.

Was scheren uns Fallen,
was scheren uns Katzen,
wir fürchten nicht Krallen,
wir fürchten nicht Tatzen!

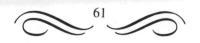

Mächtig und mutig, das ist
unsre Art,
die sich um den starken
Willibald schart.
Wir kommen nicht um,
wir kommen nicht um,
Ruck, zuck und Punktum!

Lillimaus schlich bedrückt wieder in die Bibliothek zurück. Sie hatte die ganze Nacht noch nichts gefressen und suchte nach ein paar Krumen. Unter dem Schreibtisch fand sich nichts und auch nichts im Papierkorb. Selbst auf dem Teppich neben dem Ohrensessel am Fenster, in dem tagsüber gelegentlich ein Menschenriese saß und beim Lesen ein paar Nüsse knabberte oder knusprige Kekse verzehrte, war kein Bissen aufzuspüren. So erging es Lillimaus oft und oft, und wenn nicht Mäusefriederike

oder Karlemaus und neuerdings auch
der Mausephilipp ihr heimlich etwas
zugesteckt hätten, so wäre sie längst
verhungert.

In dieser Nacht nun begann Lillimaus
aus Langeweile in einem Buch zu
blättern. Sie hatte schon manches Buch
durchgestöbert und auch Bilder gefunden.
Dieses Buch aber war anders als all die
vielen, die in den Regalen standen.
Es hatte sechs bunte Bilder auf jeder
Seite. In jedes Bild war ein Zeichen
gedruckt, das für Lillimaus nichts
bedeutete. Unter jedem Bild stand eine
ganze Reihe ähnlicher Zeichen. Auch
damit konnte Lillimaus nichts anfangen.
Was aber auf den Bildern dargestellt
war, davon erkannte sie dies und das.
Auf der ersten Seite sah sie eine Ameise,
eine Aprikose, eine Amsel, einen
Akrobaten und einen Apfel. Auf einer
anderen Seite waren ein Umhang, ein
Uhu, eine Urkunde, ein Unterrock und
eine Uhr gemalt. Auf einer weiteren

war ihr nur der Igel, der Iltis und der
Indianer mit den Federn auf dem Kopf
bekannt. Schließlich sprach sie leise vor
sich hin:
»Ochse, Osterei, Opa, Ohr, Ofen,
Oberhemd.«
Sie rätselte an den Zeichen herum,
murmelte die Wörter, kam aber lange zu
keinem Ergebnis. Sie sprach die Wörter
laut und leise, schnell und langsam.
Aufgeben wollte sie nicht und versuchte
viele Nächte hindurch hinter das
Geheimnis zu kommen. Endlich,
dreizehn Nächte später, fiel ihr etwas
auf. Sie sprach ganz langsam und
deutlich: »O-fen, O-sterei, O-chse,
O-pa.«
Es fiel ihr wie Schuppen von den Augen.
»Die Wörter fangen ja allesamt gleich
an«, rief sie. »Überall geht es los mit
einem O. Das muss das Zeichen sein, was
in das Bild gedruckt ist.«
Sie versuchte es auch mit den anderen
Seiten, es gelang überraschend gut.

»A-meise, A-rena, A-prikose, A-krobat.«
Bei »A-msel« hatte sie Schwierigkeiten,
weil das A nicht so rein klang.
Lillimaus arbeitete wie besessen.
Buchstabe für Buchstabe
entschlüsselte sie. Sie kannte bald von A
bis Z alle 26 und lernte allmählich sie
miteinander zu verbinden.
Mit »Opa« hatte sie zuerst Erfolg.
»O-p-a«, stotterte sie, schüttelte den
Kopf, sah auf das Bild und sprach:
»Opa, nicht O-p-a.« Sie erprobte sich
Wort für Wort, probierte aus, dachte
angestrengt nach und schrie ab und zu
begeistert auf, wenn sie ein neues Wort
herausbekommen hatte. Sie vergaß ihre
Einsamkeit. Ihre Traurigkeit verflog.
Manchmal spürte sie sogar ihren Hunger
und ihr ganzes Elend nicht mehr. Eines
Nachts war es so weit: Sie konnte lesen,
Wörter konnte sie lesen, Sätze, kleine
Abschnitte, ganze Seiten schließlich und
endlich hatte sie in einer Nacht ein Buch
von der ersten bis zur letzten Seite

gelesen. Zugegeben, es war ein dünnes
Buch. Aber ein Buch ist schließlich ein
Buch. Sie war so voller Stolz und voller
Freude, dass sie die gute Nachricht nicht
für sich allein behalten wollte. Sie
flüsterte ihrer besten Freundin, der
Mäusefriederike, ins Ohr: »Ich will dir
ein großes Geheimnis anvertrauen. Denk
dir, ich kann lesen.«

 as ist das, lesen?«, fragte Mäusefriederike ratlos. »Ist das etwas, was du fressen kannst?«

»Nein, nein«, antwortete Lillimaus und lachte. »Lesen, das ist wie fliegen, fliegen aus unserer Küchentür hinaus hoch über die Bäume im Garten hin und weiter, immer weiter in ferne Länder und ferne Welten.«

»Wie fliegen ist das, Lillimaus?«, staunte Mäusefriederike. »Du kannst wirklich und wahrhaftig fliegen, wie die

Menschenköchin es immer erzählt von den fliegenden Fischen oder etwa so geschickt fliegen wie eine Fledermaus? Dann kannst du dich ja bis zum Würste- und Schinkenhimmel emporschwingen.«

»Nicht so, liebe Freundin. Lesen, das ist wie segeln, segeln den Bach hinter dem Garten hinab und weiter, immer weiter durch reißende Ströme und endlose Meere.«

»Du segelst, Lillimaus? Mit einem richtigen Segelboot, so wie der kleine Menschenriese in der Badewanne eines schwimmen lässt, mit so einem Boot wagst du dich aufs Wasser? Wasser hat keine Balken, sagt die Köchin, denk daran!«

»So wohl nicht, Friederike. Wie soll ich es dir nur verständlich machen? Lesen, ja, das ist wie sehen mit anderen Augen.« Friederike schaute Lillimaus lange in die Augen, aber sie leuchteten rot und klar wie bisher. »Lillimaus, sag mir, ist es dir nicht ganz wohl?«, fragte Mäusefriederike besorgt.

»Niemals zuvor habe ich mich wohler gefühlt, Schwesterherz. Ich will dir doch nur erklären, wie das ist, das Lesen. Weißt du, in jeder Geschichte findest du ein Stück von dir selbst. Du lernst dich selbst besser kennen.«

Mäusefriederike schwieg. Sie wusste gar nicht mehr, was sie von Lillimaus denken sollte. Wo hatte Lillimaus sich denn verloren, dass sie sich selbst suchen musste? War sie am Ende vor Hunger, Angst und Alleinsein übergeschnappt?

»Wo fliegst du, segelst du, siehst und findest du denn?«, fragte sie verschreckt.

»In der Bibliothek, Friederike. Dort ist es wie in einer verwunschenen Schatzhöhle. Tausend verschlossene Schatzkisten und ich habe den Zauberschlüssel dazu.«

»Gänseschmalz? Quittengelee? Hundert süße Honigkuchen?«, staunte Mäusefriederike.

»Nein, Freundin. Tausend Bücher und in jedem Buch Geschichten, Geschichten, Geschichten.«

Mäusefriederike kannte viele
Geschichten. Da waren die Märchen der
Menschenriesen und Geschichten von
früher, die die Köchin erzählte. Auch in
den Mauselöchern wurden Geschichten
von Mund zu Mund weitergegeben. Das
waren Geschichten von
Mäuse mordenden Katzen, von scharfen
Eulenschnäbeln und listenreichen
Mausefallen, aber auch Geschichten, bei
denen einer Maus das Wasser im Munde
zusammenlaufen konnte, Geschichten
von angeräuchertem Speck, von
wohlriechenden Heringsköpfen und von
frischer, schaumiger Sahne;
Traumgeschichten auch von Mäusen,
denen es vorzeiten einmal gelungen
war bis zu den roten Würsten und
braunen Schinken in den hohen
Mäusehimmel vorzudringen.
Sie überlegte lange und sagte dann ein
wenig unsicher: »Liebe Lillimaus, dann
ist es mit den Geschichten in den
Büchern ähnlich wie mit den Pflaumen

in einem Einkochglas?«

»Wie meinst du das, Friederike?«

»Nun, liebe Freundin, die Gläser
bewahren die Pflaumen auf und die
Bücher die Geschichten.«

»Na ja«, stimmte Lillimaus zu. »So
ähnlich. Aber es ist doch auch wieder
ganz anders. Wenn du das Glas
leer gegessen hast, dann ist nichts mehr
da. Bei Büchern ist das nicht so. Ich will
versuchen es dir mit einer Geschichte zu
erklären, die ich in meinem ersten Buch
– zugegeben, es war ein dünnes – gelesen
habe.«

Sie setzte sich gemütlich zurecht und
begann zu erzählen:

»Es war einmal eine sehr, sehr arme
Mäusefamilie, die wusste vor Hunger
nicht ein noch aus. Eines Tages fand der
Mäusemann in den Abfällen eine braune
Brotkruste. Am liebsten hätte er sie
gleich an Ort und Stelle verschlungen, so
sehr plagte ihn der Hunger. Er tat das
aber nicht, sondern er schleppte sie in die

Höhle zu seiner Mäusefamilie. Es war wenig genug für die vielen Mäuler, die da gestopft werden wollten. Gerade als die Mäusemutter die Kruste aufteilen wollte, da fiepte eine alte Bettelmaus vor ihrem Mausloch und flehte: ›Gib mir ein Stückchen von deiner Kruste. Mir knurrt der Magen. Ich bin so abgemagert, dass mein Fell mir um die Knochen schlottert und wenigstens um zwei Anzugnummern zu weit ist.‹ Die Mäusemutter antwortete: ›Die Armen wissen, wie der Hunger im Bauche zwackt. Satt werden wir so und so nicht. Iss also mit von unserer Kruste.‹ Die Mäusefamilie rückte zusammen und machte Platz für die Alte. Da streckte die Bettelmaus ihren Schwanz und streifte ihn über das Brot.

Nicht die ganz vornehme Art, dachte der Mäusemann. ›Weil euch Hunger und Armut nicht hart gegen andere gemacht haben‹, sprach die Bettelmaus, ›und weil ihr mich eingeladen habt mit euch euren

Bissen zu teilen, deshalb wird diese Kruste niemals zu Ende gehen, wie viel und solang ihr auch davon fresst.‹

›Du kannst vielleicht Sprüche machen‹, kicherte die Mäusemutter. Wie aber staunte sie, als ihr Mann und all die hungrigen Kinder und auch sie selbst fraßen und fraßen, bis ihre Bäuche rund und prall waren und die Kruste doch um kein Stückchen kleiner geworden war.«

»Und?«, fragte Mäusefriederike gespannt.

»Und wenn sie die Kruste nicht verloren haben, dann fressen sie noch heute«, neckte Lillimaus ihre Freundin.

»Warum erzählst du mir die Geschichte«, wollte Mäusefriederike wissen. »Wir sprachen doch vom Lesen. Außerdem stelle ich mir das ziemlich eintönig vor immer an derselben Kruste zu nagen.«

»Bei den Geschichten in den Büchern ist es genauso wie mit der Kruste. Sooft du sie liest, sie gehen nie zur Neige.«

74

»Ich sage es ja«, beharrte
Mäusefriederike, »ziemlich eintönig.«
»Das wäre es wirklich, du Spitznase«,
lachte Lillimaus. »Aber es sind viele
hundert Bücher in der Bibliothek zu
finden. Und in jedem einzelnen steht
eine andere Geschichte. Für
Abwechslung ist also gesorgt. Lesen ist
niemals eintönig.«
»Irgendwann hast du sie alle gelesen«,
behauptete Mäusefriederike. »Und dann
ist der Spaß vorbei.«
»Wenn ich sie in der Länge und Breite
gelesen habe, dann lese ich sie in der
Tiefe. Da ist, glaube ich, noch manche
Überraschung zu erwarten. So weit bin
ich allerdings noch lange nicht.«
Mäusefriederike legte ihre Stirn in
vierzig kleine Falten. Sie dachte nach.
Lillimaus wollte sie dabei nicht stören
und verhielt sich ganz still.
»Ist es mit dem Lesen wie mit dem
Küssen?«, fragte Mäusefriederike
plötzlich. Lillimaus konnte sich das

Lachen nicht verkneifen. Was für ein verrückter Einfall. Mäusefriederike wurde verlegen und verteidigte sich: »Ich dachte, es ist wie in dem Märchen, das die Menschenköchin dem kleinen Menschenriesen so oft erzählt. Es ist wie bei Dornröschen?«

»Wie kommst du auf Dornröschen?«

»Die Geschichten schlafen in den Büchern. Nicht wahr, Lillimaus?«

Lillimaus nickte.

»Dann kommt einer, der liest und weckt sie auf. Das ist doch genau wie bei Dornröschen. Die wurde auch erst wieder lebendig, als der Prinz sie wach geküsst hatte. Die Geschichten erwachen zum Leben, die Rosen beginnen zu duften, der Koch ohrfeigt den Küchenjungen und Dornröschen blättert in einem Buch . . .«

»Hör auf, hör auf, Friederike«, unterbrach Lillimaus sie. Sie lachte, dass ihr die Tränen rannen, und sagte schließlich: »Du wirfst ja alles

durcheinander.« Dann aber wurde sie
still und nachdenklich und sagte: »Du
hast es begriffen, meine liebe Freundin.
Du hast ein sehr, sehr schönes Beispiel
gefunden.«

»Lesen müsste man können«, seufzte
Mäusefriederike. Ihr Blick schweifte
sehnsüchtig über die tausend Bücher, die
sich da Rücken an Rücken drängten,
und sie flüsterte: »Fliegen, segeln,
finden, sehen, wach küssen.« Sie träumte
vor sich hin. Schließlich fragte
Mäusefriederike:

»Sag mal, Lillimaus, kannst du wirklich
alle Geschichten wecken, die in den
Büchern schlafen?«

»Alle«, antwortete Lillimaus stolz.

Die Uhr im Wohnzimmer schlug.

»Schon sieben«, rief Lillimaus. »Schnell
ins Loch und hüte mir gut mein
Geheimnis.«

Als die ersten kalten Herbstnächte ins Land zogen und bereits einen weißen Mantel aus Raureif über den Garten warfen, da kam, gleich nachdem die Menschenköchin ins warme Bett gekrochen war und die Mäuse sich im Haus verteilten, die Mauseberta ganz aufgeregt aus dem Kinderzimmer gerannt und rief: »Kommt und schaut, was der kleine Menschenriese in unserem Zimmer angerichtet hat! So etwas hat noch keine Maus gesehen!«

Sie machte das ganze Rudel neugierig. Alle folgten ihr über die Treppe in das Kinderzimmer. Dort war eine doppelte silbrige Spur aufgebaut, die sich in Kurven und geraden Strecken durch das ganze Zimmer zog. Winzige Häuser, die selbst für Mäuse noch zu eng waren, säumten diese Straßen. An einem Ende standen zwei kleine, rote Wagen, deren Räder genau auf die Spur passten. Auf einer Nebenspur war ein schwereres schwarzes Gebilde mit acht Rädern aufgestellt. Das hatte einen walzenförmigen Kessel, der längs auf den Vorderrädern ruhte. Oben schaute ein Röhrchen heraus. In dem steckte Watte, die wie Dampf aussah.

»Was ist das?«, fragte der überaus starke Willibald.

Lillimaus stand dicht an der Zimmerwand. Sie hatte sich hinter einem blauen Kasten aus Eisen verborgen. Der Kasten hatte auf seiner oberen Seite viele rote Schalter. Auf einem Schildchen war

aufgedruckt: Elektrische Modell-
Eisenbahn.

»Das ist eine elektrische Eisenbahn«,
sagte sie.

»So, du Neunmalschlaue. Eine
elektrische Eisenbahn«, sagte Willibald
von oben herab. »Als ob wir das nicht
selbst gewusst hätten! Aber was ist das,
eine elektrische Eisenbahn? Was kann
man damit anfangen?«

»Die Wagen können über die Spur
fahren«, antwortete Lillimaus.
Eisenbahnen waren ihr aus Büchern
bekannt, nur hatte sie sich Wagen und
Lokomotive viel, viel größer vorgestellt.

»Fahren ist lustig. Das wollen wir gleich
versuchen«, sagte der überaus starke
Willibald. »Wenn du uns aber einen
Bären aufgebunden hast, du weißer
Teufel, dann wirst du in den Garten
gejagt, ab durch die Fensterklappe.
Ruck, zuck! Die Katz soll dich fressen.«
Er kletterte auf den ersten roten Wagen.
»Nun?«, fragte er. Lillimaus zitterte und

konnte vor lauter Angst nicht antworten.

»Ich denke, der Wagen muss geschoben werden«, sagte Karlemaus.

»Ist doch klar! Los geht es!«, befahl der überaus starke Willibald und richtete sich hoch auf. »Mausephilipp, Karlemaus, Mäuseemil und Mausehugo, ihr schiebt auf mein Kommando.«

Die Mäusemänner stellten sich neben und hinter dem Wagen auf. Der überaus starke Willibald zählte: »Eins, zwei, ruck, zuck, los!«

Mit Macht stemmten sich die vier gegen den Wagen und der schoss nach vorn. Willibald, völlig überrascht, verlor das Gleichgewicht und stürzte hinab. Zu Tode erschreckt, verzog er sein Gesicht, als ob er weinen wollte. Schnell beugte sich die dicke Hermannmaus über ihn und zischte:

»Ein Mäuseboss darf nicht weinen! Denke immer daran: Hart wie Tirolerbrot!«

Mausephilipp sah den mächtigen Boss

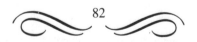

auf dem Boden zappeln und begann zu kichern. Da stieß der schlaue Mäusejosef einen Schrei aus, so laut, dass alle zusammenzuckten.

»Rrruheee!«, brüllte er mit durchdringender Stimme. »Rrruheee!« Er rollte gefährlich das »R« und ließ das »E« am Ende lang ausklingen. So lenkte er die Aufmerksamkeit der Mäuse von dem im Augenblick gar nicht so starken Willibald ab und zog alle Blicke auf sich.

»Mausephilipp, vortreten!«

»Ich? Wieso gerade ich?«, fragte der.

»Haben wir einen weiteren Philipp im Rudel?«, antwortete Mäusejosef höhnisch. Einige Mäuse lachten. Mausephilipp trat ein paar Schrittchen vor.

»Du hast versucht den von uns allen verehrten und geliebten Mäuseboss zu stürzen, Philipp.«

»Ich?«, fragte der wieder etwas begriffsstutzig.

»Da es sonst keine Maus deines Namens

gibt, bist du der Übeltäter gewesen. Punktum.«

»Aber es waren doch auch noch andere dabei«, versuchte sich der Mausephilipp zu verteidigen.

»Ihr hört es alle«, schrie der schlaue Mäusejosef. »Er hat es selbst zugegeben. Er und andere wollten den überaus starken Willibald, unseren verdienten Boss, stürzen.«

»Nein, nein«, protestierte der Mausephilipp, »wir sollten doch . . .«

»Ruhe«, schnitt ihm Mäusejosef das Wort ab. »Du hast es selbst zugegeben. Punktum.«

Willibald hatte sich aufgerappelt und seinen Schreck überwunden.

»Rache!«, knurrte er finster. »Allen Verbrechern, die mich stürzen wollen, schwöre ich bittere Rache! Solches Mausepack wird in den Garten gejagt, der Katz genau in die Krallen. Ab durch die Fensterklappe.«

»Demnächst jedenfalls«, sagte der

schlaue Mäusejosef. »Diesmal, schlage
ich vor, sollten wir noch Gnade walten
lassen. Wir wollen den Missetätern
Gelegenheit geben ihre Sache wieder
gutzumachen. Los, ihr vier Burschen, ran
an den Wagen. Zeigt, was an Kräften in
euch steckt. Flink wie Fledermäuse, hart
wie Tirolerbrot, zäh wie
Schweineschwarte.«
Die Mäusemänner begaben sich wieder
auf ihre Plätze und waren bereit den
Wagen zu schieben. Willibald schaute
ein wenig misstrauisch drein, kletterte
aber dann doch wieder hinauf. Diesmal
legte er sich platt wie ein Pfannkuchen
auf die Wagenfläche. Behutsam schoben
die Mäuse an. Der Wagen rollte ganz
sachte über die Spur, geradeaus und in
Kurven, schlug schließlich einen großen
Bogen und gelangte wieder zum
Ausgangspunkt zurück. Willibald fand
großen Gefallen an der Fahrerei und
verlangte wieder und wieder geschoben
zu werden.

»Lass uns auch einmal auf den Wagen«,
bat die Hermannmaus.

»Wer ist hier der Boss?«, fauchte
Willibald ihn an. Die Hermannmaus zog
ein verdrießliches Gesicht und schmollte.
Der Mäusejosef aber fand eine Lösung.
Er kletterte auf den zweiten Wagen und
andere Mäuse mussten ihn schieben. Die
dicke Hermannmaus wollte seinem
Beispiel folgen und erklomm die
schwarze Lokomotive, aber sosehr die
Mäuse sich auch anstrengten, sie rührte
sie nicht von der Stelle.

Nach fast zwei Stunden hatte Willibald
genug. Er wünschte vom Wagen
gehoben zu werden. Dem Mausephilipp
wackelten vom langen Schieben die
Knie und er wurde aufsässig.

»Klettere doch selbst herunter. Du bist
doch so überaus stark«, sagte er. Das
Mäuserudel verstummte vor Empörung.
Willibald erwiderte kein Wort.
Blitzschnell hieb er stattdessen mit
seinem kräftigen Schwanz vom Wagen

aus auf Philipp ein. Auch Willibalds
Mäusetrupp fiel über ihn her. Der
Mausephilipp stürzte zu Boden.
Lillimaus schrie auf, als sie ihn blutig
und zerschunden daliegen sah.
»So, du Mauselump, da hast du, was du
verdienst«, keuchte Willibald. »Und
merk es dir gut, beim nächsten
Verbrechen fliegst du raus aus dem Haus
in den Garten.« Er schaute scharf zu
Lillimaus hinüber und fuhr fort:
»Und jeder, der Mitleid für einen
solchen Halunken empfindet, der geht
am besten gleich mit. Die Katz wird sich
freuen. Punktum.«
Mausehugo und Mäuseemil hoben den
überaus starken Willibald vom Wagen
und er nickte ihnen gnädig zu.

acht für Nacht mussten
nun die Mäuse Erbsen
streuen, Erbsen
auflesen, Gardinen zuziehen, Gardinen
aufziehen und Wagen hin und her
schieben. Lillimaus hatte in ihren
Büchern gelesen, dass das beschwerliche
Schieben völlig überflüssig war. Man
musste nur den ersten roten Schalter auf
dem blauen Kasten drücken. Dann
wurden die Wagen der elektrischen
Eisenbahn von der Lokomotive gezogen.
Erst wollte Lillimaus ihre Kenntnisse für
sich behalten. Als sie aber sah, wie die

Schiebemäuse sich abmühen mussten und wie der Mausephilipp gequält wurde, da sagte sie doch eines Nachts, was sie wusste. »Lüge vom rotäugigen Verräter«, brummte die dicke Hermannmaus.

»Die Klugschwätzerin soll es beweisen«, sagte hingegen der schlaue Mäusejosef. »Wenn sie uns anlügt, dann weg mit ihr in den Katzengarten.«

Erwartungsvoll saßen die Mäuse rund um die Eisenbahn. Lillimaus kletterte auf den blauen Kasten und drückte den Schalter. Sie erschrak selbst fast zu Tode. Fünfzig kleine Lichter flammten auf, grün, rot und weiß. Die Mäuse sprangen in alle Richtungen davon. Sie trauten sich erst nach wenigen Minuten wieder aus ihren Verstecken heraus. Nichts weiter war geschehen. Lillimaus saß, ohne zu Schaden gekommen zu sein oben auf dem blauen Kasten.

»Achtung!«, sagte sie. »Jetzt geht es los.« Sie drehte den Schalter allmählich auf

Tempo eins. Die Lokomotive fuhr an.
Lillimaus koppelte geschickt die Wagen
aneinander. Der schlaue Mäusejosef
beobachtete jeden Handgriff genau.
»Wie schaltet man aus?«, fragte er.
Lillimaus zeigte es ihm.
»Wollt ihr nicht einsteigen?«, forderte
Lillimaus das Rudel auf.
»Hier fahren nur der Boss und seine
Freunde«, bestimmte Mäusejosef.
»Mir auch recht«, sagte Lillimaus. Sie
hielt den Zug an.
»Bitte einsteigen.«
»Das könnte dir so passen, du listiges
Luder«, schimpfte der schlaue
Mäusejosef. »Wir steigen ein und du
lässt den Zug in den Abgrund rasen.
Nein, so haben wir nicht gewettet. Scher
dich in die Bibliothek. Noch ist da dein
Platz. Wer weiß, wie lange noch.«
Er stieß Lillimaus roh von dem blauen
Kasten hinab und bediente selbst die
Knöpfe. Die Mäuse waren damit
zufrieden. Ihnen war es gleichgültig, wer

an den Schalthebeln saß. Wichtig erschien es ihnen nur, dass sie es bequemer hatten und dass sie nicht länger selbst die Wagen schieben mussten.

Lillimaus aber war tief betrübt. »Ich sollte mich auf und davon machen«, sagte sie zu sich selbst. »Hier bin ich allein und von allen verlassen. In anderen Häusern gibt es andere Mäuserudel. Schließlich ist unser Stammvater, der Mäuseköbes, auch von irgendwoher in dieses Haus gekommen.« Aber dann fiel ihr die alte Standuhr mit ihrem langen Pendel ein, der tropfende Wasserhahn über dem weißen Spülbecken, die herrlichen Bücher und auch der wunderbare Mäusehimmel. »Das alles zurücklassen?«, fragte sie trotzig. »In diesem Haus kenne ich jeden Winkel und jedes Schlupfloch. Die Mäusefriederike und die Karlemaus, sind sie nicht trotz allem meine Freunde? Ich würde sie vermissen.« Und dann war

da noch etwas, was den Mausephilipp
betraf. Es wurde ihr kalt und heiß, wenn
sie an ihn dachte, aber sie wusste nicht
genau, was das war.

Der schlaue Mäusejosef war bald das
Schalten leid. Er zeigte dem Mausehugo,
wie man's anstellte, und der war stolz
darauf, dass er vom Mäusejosef
höchstpersönlich zum
Knöpfchendrücker und Hebeldreher
ernannt wurde.

Für den Boss und seine Kumpane war
die Eisenbahn viel wert. Jedes Mal, wenn
sie merkten, dass die Stimmung im Rudel
für sie nicht günstig war, erlaubten sie
den Mäusen für eine Stunde mit der
Bahn zu fahren. Meist riefen dann
wieder viele voll Überzeugung: »Ein
Boss, ein Haus, ein Rudel.«

Aber eines Nachts mitten im Winter war
das Vergnügen vorbei. Der kleine
Menschenriese hatte die elektrische
Eisenbahn abgebaut und Schienen,
Signale, Wagen und Lokomotive in

eine Schachtel gepackt. Aus war's mit
der fröhlichen Fahrerei.

Der kleine Menschenriese
spielte jetzt mit naturfarben
lackierten Bauklötzen aus
einem großen Holzbaukasten. Weil im
Kinderzimmer in der kalten Winterzeit
die Heizung nicht ausreichte, hielt er sich
meist in der Küche auf, baute Häuser
und Schlösser, Straßen und Brücken. Die
Menschenköchin achtete darauf, dass er
abends die Bauklötze wieder ordentlich
in den Holzkasten packte. Die Mäuse
schauten sich das neue Spielzeug lange
an, nahmen auch diesen und jenen
Bauklotz aus dem Kasten, schüttelten

aber endlich doch ratlos die Köpfe.

Mausikarin meckerte:

»Für den Nestbau zu hart, für unsere Höhlen zu sperrig.«

»Wir könnten Schaukelbalken bauen«, schwärmte Lillimaus, »Stege zum Balancieren, phantastische Irrgärten, Klettertürme und Rutschen.«

»Wenn ich das schon höre«, schimpfte Willibald. »Phantasie, Phantasie! Lauter brotlose Künste. Zu nichts sind sie nütze, diese Vorschläge. Aber was sollte aus deinem Kopf auch Gutes kommen? Ein fauler Kopf denkt faule Gedanken. Schluss mit den Phantastereien! Wir wollen uns an das halten, was wir riechen können und sehen und hören. Das genügt uns. Die Luftschlösser mögen für einen Luftikus gut sein. Verständige Mäuse lassen sich von so etwas nicht beeindrucken. Punktum!«

Der schlaue Mäusejosef spürte, dass die Mäuse der Eisenbahn nachtrauerten und mürrisch wurden. Er riet dem Boss:

»Wir müssen uns für unser Rudel etwas Neues einfallen lassen. Müßiggang ist aller Laster Anfang.«

»Gut, aber nicht ganz gut«, sagte der überaus starke Willibald. »Was ist es denn, was wir uns einfallen lassen sollen?«

»Das Rudel muss etwas zu arbeiten haben. Sonst kommen bald wieder ein paar dumme Lumpenmäuse auf gefährliche Gedanken.« Mäusejosef kannte sein Rudel.

»Ja, ja«, stimmte Willibald zu. Insgeheim dachte er: Der gibt auch niemals Ruhe!, und hätte sich viel lieber darum gekümmert, eine Mausefrau zu finden und eine Mausesippe zu gründen.

»Wir müssen den Himmel stürmen«, sagte Mäusejosef entschlossen. Dieser Vorschlag störte selbst die dicke Hermannmaus aus ihrem trägen Halbschlaf auf.

»Den Himmel?«, fragte sie verblüfft. »Stürmen?«

»Den Wurst- und Schinkenhimmel
wollen wir erobern«, bestätigte
Mäusejosef zuversichtlich.

»Stürmen. Erobern. Gut. Aber es gibt ein
Hindernis«, gab Willibald zu bedenken.
»Wie, frage ich dich, Josef, wie willst du
stürmen und erobern?«

»Die gekachelten Wände sind glatt, der
Aufstieg ist lebensgefährlich«, wusste die
dicke Hermannmaus. »Erinnere dich
doch an unsere Stammmutter, die
Mausesandra. Sie war geschickt und
kräftig. Und was ist geschehen? Sie hat es versucht
und ist die Wand
hochgegangen. Abgestürzt ist sie, kurz
bevor sie den Wurst- und
Schinkenhimmel erreicht hatte. Das
Genick hat sie sich gebrochen und hin
war sie.«

»Wärme keine alten Geschichten auf«,
sagte Mäusejosef ärgerlich. »Wir fassen
die Sache ganz anders an. Wir leben in
einer fortschrittlichen Zeit. Keiner würde
heute noch mit bloßen Pfoten die Wand

erklettern wollen. Wir bauen einen Turm
mit den Holzklötzen.«

Der überaus starke Willibald und die
dicke Hermannmaus schauten den
Mäusejosef mit Bewunderung an und
nickten mit den Köpfen. »Klar, einen
Turm bauen wir. Das ist die Lösung«,
bestätigte Willibald.

Haarfein legte der Mäusejosef ihnen den
Plan auseinander. So gründlich wie nie
zuvor überdachten sie alle möglichen
Schwierigkeiten. Schon sieben
Nächte später verkündete der überaus
starke Willibald dem Rudel, dass er die
Mäuse bis zum Himmel führen werde.
Als er die ungläubigen Blicke sah und
das erstaunte Geraune hörte, da sagte er:
»Ein gutes Schicksal hat uns die
Spielkiste mit den Holzklötzen geschickt.
Damit bauen wir einen Turm, flink wie
Fledermäuse, hart wie Tirolerbrot, zäh
wie Schweineschwarte. Einen Turm
bauen wir, der bis hoch hinein in den
Wurst- und Schinkenhimmel reicht. Und

dann, und dann . . . «, er konnte nicht weitersprechen, denn das Wasser lief ihm wie aus vielen Quellen im Munde zusammen.

Voll Sehnsucht schauten die Mäuse empor zu den fetten Leberwürsten, den roten Salamis, den Schwartenmagen, den geräucherten Mettwürsten und zu den beiden Schinken, die dort hoch an der Decken hingen und tausend angenehme Träume aufblühen ließen.

»Das ist unmöglich«, sagte der Mausephilipp.

Lillimaus dachte an ein Buch, das sie gelesen hatte. Da hatten vor langen Zeiten die Menschenriesen versucht einen großartigen Turm bis über die Wolken zu bauen, und ihr fiel das böse Ende ein, das diese Geschichte vom Turmbau zu Babel genommen hatte.

»Unmöglich«, wiederholte der Mausephilipp. »Gestern hat der kleine Menschenriese mit den Bauklötzen einen Turm gebaut, einen sehr, sehr hohen

Turm. Mit Donner und Krachen ist er zusammengestürzt. Ich hätte nicht darunter begraben werden wollen.«

»Wir werden das Unmögliche möglich machen«, prahlte Willibald. »Ruck, zuck und Punktum!«

»Die Menschenriesen haben in ihren groben Fingern kein Gefühl«, behauptete der schlaue Mäusejosef.

»Kein Wunder also, dass der Turm zusammenfiel. Aber wir mit unseren zarten Pfoten, wir werden den Turm höher und höher bauen, sorgfältig Klotz auf Klotz schichten, kerzengerade, Holz über Holz bis an die Tischkante und höher, immer höher, bis über die Lampe hinauf, mit Kraft und Sorgfalt werden wir bauen, den Himmel werden wir stürmen, den Himmel, den Himmel, den Himmel!«

Unvorstellbarer Jubel brach aus. Erst brüllten die Mäuse wild durcheinander, aber mehr und mehr schrien sie sich ein auf den Ruf:

»Ein Boss, ein Haus, ein Rudel!«
Wohl hundertmal gellten abgehackt und
scharf diese Worte durch das Haus und
die Mäuse ließen nicht ab, bis sie sich
heiser geschrien hatten.

»Und wenn der Turm doch einstürzt und
uns alle unter sich begräbt?«, fragte der
Mausephilipp. Lillimaus sah, dass er vor
Angst zitterte. Von dem Augenblick an
wusste sie es, sie liebte den Mausephilipp.
Sie erkannte, er war eine ganz besondere
Maus. Er hatte Angst, aber er tat doch,
was er tun musste.

Endlich wurde es stiller. Der
Mausephilipp kletterte auf die höchste
Spitze der Stuhllehne und rief:

»Ihr wollt den Himmel stürmen. Aber
was versprecht ihr euch davon? Was
stellt ihr euch eigentlich unter Himmel
vor?«

»Wir werden die leckersten Sachen
fressen«, sagte Mäuseemil. »So viel wird
da sein, dass wir nie mehr hungern
müssen. Wir werden alle guten Sachen

haben, die da oben hängen.«

»Ein voller Bauch kann doch nicht alles sein«, warf Mausephilipp ein.

»Wir werden keinerlei Arbeit mit der Suche nach unserem täglichen Fressen haben. Alles wird sehr bequem sein, wenn wir den Himmel erreicht haben«, schwärmte die dicke Hermannmaus.

»Alles bequem zu haben, das kann doch nicht alles sein.« Mausephilipp sprach sehr leise.

»Wenn wir erst da oben sind«, sagte die Mausemimi mit zittrigem Stimmchen, »dann brauchen wir keine Angst mehr vor der Katz zu haben. Dorthinauf kommt die nie.«

»Keine Angst mehr zu haben, Mausemimi, das ist wunderbar«, gab der Mausephilipp zu. »Aber das kann doch nicht alles sein.«

»Mach ein Ende mit deinem Gerede«, befahl der Mäusejosef. »Genug zu fressen, Sicherheit, ohne Angst. Und du willst immer noch mehr.«

»Der Himmel, denk ich, ist mehr als alles, unendlich viel mehr«, flüsterte Mausephilipp.

»Ruhe jetzt. Schluss mit dem Geschwätz. Mehr als alles! Hat so etwas eine Maus je gehört?«

Der Mäusejosef plusterte sich auf und sagte: »Die Technik und der Fortschritt, die öffnen uns den Himmel. Der Turm wird gebaut. Punktum. Ein Lump, wer uns den Plan verderben will.«

Die Mäuse fielen erbost über den Mausephilipp her und schlugen und zausten ihn.

»Du machst unsere kühnsten Pläne schlecht«, schimpften sie und der schlaue Mäusejosef sagte mit böser Stimme: »Du bist subversiv.«

Keine Maus wusste genau, was das bedeuten sollte, aber es klang scharf und gefährlich.

»Noch ein winziger Schritt vom vorgezeichneten Strich, Mausephilipp, und du bist erledigt«, grollte der überaus starke Willibald.

»Eigentlich gehörst du, genau wie die weiße Lillibrut, überhaupt nicht mehr in unser Rudel«, ereiferte sich die dicke Hermannmaus. »Du verdienst nicht einmal mehr eine Maus genannt zu werden. Nichtmaus, das wäre ein viel treffenderer Name für dich.«

Die Mäuse wandten dem Mausephilipp die Schwänze zu und schauten auf ihren Boss.

»Ich dachte mir, wir bereiten alles sehr gut vor.

Zunächst üben wir das Bauen mit den Klötzen, flink, hart, zäh. Gegen Morgen packen wir wieder ein, damit dem kleinen Menschenriesen nichts auffällt. Wenn dann alles ruck, zuck geht, dann errichten wir in einer einzigen Nacht den Himmelsstürmer.«

»Gedacht, gemacht«, fasste der Mäusejosef zusammen und sagte:

»Heute feiern wir ein Fest. Der überaus starke Willibald hat mir erlaubt euch zu sagen: Heute steht die Speisekammer für jeden offen.«

»Aber nicht für die subvermiese, äh, subverfiese, nein, auch nicht subverschiefe, ach, so auch nicht, zum Teufel!« Der überaus starke Willibald verhedderte sich und rief schließlich: »Mit Ausnahme der Nichtmaus.«

»Und ohne Lillimaus natürlich«, ergänzte die dicke Hermannmaus.

»Natürlich«, versicherte der Boss.

ie stürzten in die
Vorratskammer und fraßen
und schlürften und
schmatzten und schwatzten. Aber dann
holten sie Lillimaus doch aus ihrer
Bibliothek. Sie hatten eine
Blechschachtel gefunden. Der Inhalt
bestand aus einem braunen Pulver, das
ihnen unbekannt war.

»Vielleicht Gift«, vermutete die
ängstliche Mausemimi.

»Die Lillimaus soll lesen, was darauf
steht«, forderte Mäusefriederike.

Lillimaus wurde also gerufen und las:

»Feiner Schnupftabak für die verwöhnte Nase.«

Weil alle dumm schauten, erklärte sie, dass dieser braune Staub von manchen Menschenriesen mit der Nase eingeschnuppert wird.

»Macht den Kopf frei und die Stimme klar«, sagte sie. »Das behaupten jedenfalls die Menschenriesen.«

Dass man von dem Schnupftabak auch fürchterlich niesen musste und dass er sogar Tränen fließen lassen konnte, das verschwieg sie.

Das Rudel hat die Strafe verdient!, dachte sie. Im Hinausgehen gab sie allerdings der Mäusefriederike einen Wink und murmelte ihr zu: »Nimm dich in Acht, das Zeug explodiert.«

Die Mäuse wollten einen freien Kopf. Willibald forderte sie auf kräftig zu schnupfen, damit sie eine klare Stimme bekämen. Sie wollten dann anschließend das Lied von den mutigen Mäusen singen. Er selbst nahm eine kräftige

Prise. Alle drängten sich und griffen
nach dem Pulver. Mäusefriederike hielt
sich zurück und flüsterte auch
Karlemaus eine Warnung ins Ohr. Jeden
Augenblick erwartete sie die Explosion.
Aber die kam ganz anders, als sie
befürchtet hatte. Zuerst saugte der
überaus starke Willibald sehr viel
Atemluft ein. Die Augen quollen ihm ein
wenig hervor und er nieste dann so laut,
dass das Läutwerk der großen Uhr ein
leises Echo von sich gab. Und wieder
nieste er und wieder. Ein allgemeines
Niesen begann. Es schniefte und
schnaufte. Es war, als ob eine
Mauseschnupfenseuche ausgebrochen
sei. Die Tränen rannen und die feinen
Mausenasen wurden feucht und
begannen zu tropfen.
Sie niesten bis zum Siebenschlag der
Uhr. So nahm das Fest ein unerwartetes
Ende. Zum Singen jedenfalls kamen sie
nicht mehr.
Bei einer Maus aus Willibalds Truppe

immerhin, bei dem pomadigen Mäuseadalbert, hatte der Schnupftabak wohl tatsächlich in einem Teil des Mausegehirns Klarheit geschaffen. Er nämlich entwickelte am nächsten Abend einen kühnen Plan, nach dem der Turm gebaut werden sollte. Auch hatte er genaue Übungen im Kopf, was wann wo trainiert werden musste. Der überaus starke Willibald fand Gefallen an dem Mäuseadalbert und machte ihn zum Baumeister des Rudels. Mäuseadalbert leitete von diesem Tag an die Vorbereitungen. Verbissen schleppten die Mäuse die Holzklötze, stemmten sich mit dem Rücken gegen die Pfeiler, richteten sie auf, wuchteten Querhölzer darüber, rollten Säulen und stellten mit aller Mausevorsicht Bögen auf. Der überaus starke Willibald erließ ihnen das Erbsenstreuen. Dass die Vorhänge zugezogen wurden, darauf bestand er allerdings. Sie schufteten und schufteten und lernten es immer besser mit den

Bauklötzen umzugehen.

Wenn es fünf schlug und sie ans Aufräumen gehen mussten, klagte Mäuseadalbert: »Die Nächte sind einfach zu kurz.«

In der vierten Nacht erreichte ihr Turm zum ersten Male die Tischkante, in der achten gelang es ihnen gegen fünf Uhr bis zur Lampenhöhe vorzudringen. Der Plan schien zu gelingen. Noch fehlte das letzte Stück. Aber sosehr sie sich anstrengten, höher als bis zur Lampe kamen sie nicht. Die Uhr schlug dann fünfmal und sie hatten alle Mühe in den letzten zwei Stunden bis sieben Uhr die Klötze wieder sorgfältig einzuordnen.

»Es geht nicht und es geht nicht«, verzweifelte der Mäuseadalbert. »Wir brauchen einfach ein paar Stunden mehr. Die Nacht ist zu kurz.«

Der schlaue Mäusejosef merkte, dass die Begeisterung im Rudel nachließ. Berauscht vom Erfolg, jede Nacht den Turm ein Stück näher zum Himmel

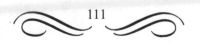

bauen zu können, hatte das Rudel wie verrückt gearbeitet. Aber der Lampenschirm schien die Grenze des Mäusemöglichen anzuzeigen. Die Stimmung drohte umzuschlagen. Da entwickelte der schlaue Mäusejosef seinen hintersinnigsten Plan. Er redete stundenlang auf den überaus starken Willibald ein. Dessen Augen glänzten bald wieder und er strahlte die alte Zuversicht aus.

Er versammelte schließlich das Rudel um sich und unterbreitete allen, was er beschlossen hatten:

»Ihr habt, liebe Freunde, wirklich in vorbildlicher Weise eure Kräfte gestählt. Ihr schleppt die Bauklötze, als wären es Flaumfedern. Holz auf Holz und kerzengerade wächst unser Turm. Er wächst bis zur Tischkante, er wächst bis zur Lampe. Ein Stückchen fehlt noch. Ein winziges Stück bis zum Himmel. Und das haben wir nicht geschafft.«

»Ich habe es immer schon gesagt«, warf

der Mausephilipp ein.

»Ja, du hast es immer schon gesagt. Aber damit warst du mit deiner Klugheit auch am Ende. Aus. Erledigt. Mit dir, du Nichtmaus, gäbe es keinen Fortschritt. Mit deinen Plänen würden wir den Himmel niemals erreichen. Aber wir, wir haben eine Lösung gefunden. Eine große Lösung. Große Lösungen sind immer ganz einfach.«

»Noch schneller arbeiten können wir nicht«, rief Mausehugo.

»Um fünf Uhr müssen wir mit dem Aufräumen beginnen, sonst merkt die Menschenköchin etwas und es geht uns schlecht«, befürchtete die Mausemimi.

»Das ist alles sehr richtig bemerkt«, gab der überaus starke Willibald zu. »Wir können, bis die Uhr fünf schlägt, nicht höher hinaus, sosehr wir uns auch anstrengen. Um sieben wird es Zeit und wir müssen dann spätestens ins Loch. Kurzum, es ist die Zeit, die uns hindert den Himmel in unsere Gewalt zu bekommen.«

»So ist es«, bestätigte der Mausephilipp. »Gegen die Zeit ist nun mal nichts auszurichten. Wenn die Uhr sieben schlägt, ist unsere Zeit um.«

»Aus diesem Grunde darf die Uhr nicht mehr schlagen. Nicht mehr fünf und nicht mehr sieben. Wir werden die Zeit ausschalten.« Der überaus starke Willibald richtete sich stolz auf und blickte siegessicher in die Runde.

»Gut, aber nicht ganz gut«, äffte der Mausephilipp den Willibald nach. »Wie, frage ich dich, du starker Boss, wie willst du das machen?«

»Wir stoppen das Pendel der Uhr. Wenn wir das Pendel zur Ruhe bringen, dann tickt die Uhr nicht mehr. Die Zeiger bleiben stehen. Die Zeit steht still.« Die Mäuse staunten über die Weisheit ihres Bosses.

»Ganz klar«, bestätigte die Mausikarin. »Das muss doch jedem einleuchten. Wenn die Zeit stillsteht, dann können

wir den Turm in Ruhe zum Himmel
bauen.«

»Keine Zeit sollte es geben?« Selbst der
Mausephilipp wurde von dieser Idee
angezogen. »Kein Gestern und kein
Morgen«, flüsterte er. »Nur und immer:
Jetzt. Das ist ein Gedanke, der nie vorher
von einer Maus gedacht wurde.«
Er wurde erst wieder aus seinen
Phantasien herausgerissen, als Lillimaus
einwarf:
»Aber die Uhr macht nicht die Zeit, die
Zeit war vor der Uhr da.«
»Schweig, schweig«, keifte Mäusejosef.
»Du willst immer alles besser wissen. Du
untergräbst unsere besten Ideen. Du bist
unser Unglück, unser Untergang. Die
Uhr steckt uns in eine Zeitfessel. Wir
werden die Fessel sprengen. Wir werden
Herr über die Zeit sein. Wir werden die
Zeit vernichten, ausrotten, werden die
Stunden, die Minuten, die Sekunden
ausrotten, sage ich, ausrotten!«
Der Mäusejosef geriet ganz außer sich.

Er sah aus wie die Menschenriesin, wenn
sie sich mit zu viel Zahnpasta die Zähne
bürstete.
»Lass gut sein«, versuchte ihn die
dicke Hermannmaus zu beruhigen.
»Sechs Nächte lang werden wir uns
ausruhen und Kräfte sammeln«,
bestimmte der überaus starke Willibald.
»In der siebten Nacht werde ich die
Zeit anhalten und wir werden den
Himmel erstürmen. Punktum.«

In diesen Tagen begann Lillimaus einige von den Geschichten, die sie gelesen hatte, den Mäusen weiterzuerzählen. Gelegentlich las sie auch aus Büchern vor. Zuerst hörten ihr nur Mäusefriederike und Karlemaus zu, aber dann setzte sich auch der Mausephilipp dazu, der alte Präsident lauschte und schließlich spitzten viele Mäuse die Ohren, vor allem das jüngere Mausevolk. Sie erzählte die Geschichte von dem römischen Kaiser Augustus, der die ganze Welt erobern wollte und immer

»Frieden, Frieden« sagte und doch seine
Soldaten kämpfen und sterben ließ,
solange er lebte. Von dem Herrscher über
das Römerreich, Julius Caesar, wusste sie
zu berichten, von seinen Kriegen und
Siegen, von den vielen toten Soldaten
auf Caesars Schlachtfeldern und von den
Tränen der Frauen und Mütter,
schließlich von Caesars schrecklichem
Ende. Ermordet von seinen eigenen
Freunden, sank er dahin. Von dem
Hunnenkönig Attila und seinem
Versuch, die Länder der Erde zu
unterwerfen, erfuhren die Mäuse und
auch von dem schrecklichen Napoleon,
der mit seinen Soldaten Gerechtigkeit
und Freiheit bringen wollte und doch
nur Tod und Not und Schrecken
verbreitete. Lillimaus erzählte Tag und
Nacht. Sie gönnte sich nicht eine Stunde
Schlaf. Am dritten Tag fragte ein
Mäusebursche:
»Wie nennen die Menschenriesen solche
schrecklichen Männer, die ihnen den

Himmel versprechen und sie ins Elend führen?«

»Tyrannen werden sie genannt«, gab Lillimaus Auskunft.

»Können die Menschenriesen denn nichts gegen solche Tyrannen unternehmen? Können sie sich nicht wehren?«, fragte der Mäusebursche weiter.

»Sie könnten schon«, antwortete der Mausephilipp, »aber die meisten haben Angst, übergroße Angst. Sie denken, lieber ducken wir uns. Wenn wir etwas sagen, wenn wir uns wehren, dann werden wir umgebracht.«

»Wie gut ist es doch, dass wir Mäuse da ganz anders sind«, sagte die Mausikarin munter. »Bei uns könnte das niemals vorkommen.«

»Stehen in den Büchern denn gar keine Geschichten über uns Mäuse?«, wollte Karlemaus wissen. Lillimaus dachte eine Weile nach und antwortete:

»Doch, ziemlich viele Mausgeschichten

gibt es. Wenn ich's mir recht überlege, eigentlich überraschend viele, über Mausedichter und Mausedenker, Mausehelden und Angstmäuse, Feldmäuse und Hausmäuse. Aber ich habe immer ein ganz eigenartiges Gefühl, wenn ich Mausebücher lese. Oft kommt es mir so vor, als ob die Menschen Maus schreiben und Mensch meinen.«

»Sie sind schon sonderbar, die Menschenriesen«, seufzte Karlemaus, »wer kann sie verstehen?«

Auch der schlaue Mäusejosef hatte sich die Geschichten der Lillimaus aufmerksam angehört. Seine Miene wurde von Tag zu Tag finsterer. Er sah, dass manche Maus nachdenklich wurde. Er rannte zu dem überaus starken Willibald und sagte:

»Ich hätte niemals gedacht, dass Geschichten so gewaltig und so wirksam sein könnten. Aber heute bin ich überzeugt, Geschichten sind stark und können eine Maus verändern.«

»Na ja«, sagte die dicke Hermannmaus, »was ist schon dabei, wenn sich diese und jene Maus verändert? Wir jagen sie in den Garten und die Katz hat einen Festtag.«

»Viele Einzelne können die Welt verändern!«, murmelte der Mäusejosef. Willibald brütete vor sich hin. Er hatte ebenfalls gespürt, was dem Mäusejosef aufgefallen war. Siebzehnmal hatte er in den vergangenen Nächten: »Die Katz! Die Katz!«, geschrien und die Mäuse waren von der Geschichtenlilli weggerannt und in ihre Löcher gekrochen. Aber zu oft schreien, das wirkt auf die Dauer nicht mehr. Gestern hatte das Rudel sogar einmal seinen Warnruf völlig überhört. Das hatte den Boss sehr erschreckt.

»Lasst uns auf den Speicher gehen«, befahl er dem schlauen Mäusejosef und der dicken Hermannmaus. »Dort sind wir allein. Ungestört und ungehört müssen wir gründlich beraten.«

Sie steckten die Köpfe zusammen.

Später stiegen sie wieder in die
Wohnung hinab und riefen das Rudel
zur Versammlung. Willibald kletterte auf
sein rotes Sesselpolster.

»Meine lieben Freunde aus dem grauen
Haus«, begann er mit zuckersüßer
Stimme, »ihr habt in eurer gefährlichen
Lage einen Führer, einen Retter,
gebraucht.

Ich bin euer Boss geworden. Von
Sonnenuntergang bis Sonnenaufgang
denke ich für euch, arbeite ich für euch.
All das geschieht, damit es unserer
Mäuseschar gut geht. Damit wir sicher
leben können. Ist es nicht so?«

»So ist es«, trompetete die dicke
Hermannmaus überzeugt.

»Ein Boss, ein Haus, ein Rudel«, schrie
der Mäusejosef. Nur wenige schrien mit.

»Jawohl, so ist es«, bestätigte der überaus
starke Willibald. »Die Katz schleicht
ums Haus. Die große, getigerte Katz.

Grüne, leuchtende Augen hat sie. Eine
rosarote Zunge hat sie. Weiße, lange
Schnurrbarthaare hat sie. Krallen so
spitz wie Dolche hat sie. Zähne so
scharf wie Rasiermesser. Ist es nicht so?«
»So ist es«, antwortete Willibalds
Mäusetrupp und viele Mitschreier auch.
Bei einigen Mäusen hatten sich die
Nackenhaare gesträubt. Die Katze
machte immer Angst.
»Aber ihr, ihr tapferen Mäuse im grauen
Haus, ihr wart wachsam. Ihr seid
marschiert. Dreierreihen. Sechserreihen.
Ihr seid schnell wie der Blitz in den
Mauslöchern verschwunden, wenn der
Alarmruf ›Die Katz! Die Katz!‹ ertönte.
Ruck, zuck. Ihr habt Erbsen gestreut und
Erbsen gesammelt. Flink wie
Fledermäuse. Ihr zieht den Vorhang zu
und auf. Hart wie Tirolerbrot. Ihr übt
mit den Holzklötzen. Zäh wie
Schweineschwarte. Keinen von euch,
nicht einen Einzigen hat die Katz
erwischt. Kein Mäusekind. Keinen

Mäusegreis. Seit ich euer Boss bin, kann
das Rudel sicher leben. Ist es nicht so?«
Nun antworteten fast alle:
»So ist es, ja, ja, so ist es.«
Wieder schrie der schlaue Mäusejosef:
»Ein Boss, ein Haus, ein Rudel«, und
diesmal schrien noch mehr Mäuse mit.
Der überaus starke Willibald hob die
Pfote.
»Nun ist seit einiger Zeit jemand unter
uns, der unsere Sicherheit untergräbt
und unser Leben leichtfertig aufs Spiel
setzt«, fuhr er ernst fort.
»Unter uns?«, fragten die Mäuse
erschrocken und die eine schaute die
andere voller Misstrauen an.
»Ein Verräter unter uns?«
»Ein Feind in unserem schönen, grauen
Haus?«
»Ein Lump in unserem Rudel?«, hörte
man die Mäuse durcheinander fragen.
»So ist es«, bekräftigte Willibald. »Er
hält uns davon ab zu marschieren. Er
lässt uns vergessen, dass wir Erbsen

streuen müssen. Ja, er hat es sogar
fertig gebracht, dass der Alarmruf: ›Die
Katz! Die Katz!‹ überhört worden ist. Er
stiehlt uns die Stunden. Er verführt
unsere Jugend. Kurzum: Die größte
Gefahr ist nicht die getigerte Katz, die
größte Gefahr ist mitten unter uns.«
»Ein größere Gefahr als die Katz?«,
kreischte Mausemimi und die blanke
Angst stand in ihren Augen.
»Wer ist der Verräter?«, fragte
Mausehugo.
»Sag uns, wo der Feind zu finden ist«,
schnaubte Mäuseemil und wetzte seine
Zähne. Er gesellte sich zu dem Trupp
von Willibald, der sprungbereit stand,
sich auf den Lump zu stürzen.
»Der Feind ist weiß und hat hässliche
rote Augen«, stieß der überaus starke
Willibald hervor und zeigte mit der
ausgestreckten Pfote auf Lillimaus.
»Lillimaus?«, fragten die Mäuse verblüfft.
Die meisten hatten Lillimaus eher für
eine harmlose Spinnerin gehalten. Das

kleine, weiße Mausemädchen sollte
gefährlicher sein als die Katze?
»Das glaube ich nie!«, sagte
Mäusefriederike fest.
»Sei doch bitte, bitte still«, zischte
Mausemimi. »Du redest dich um Kopf
und Kragen.«
»Nie glaube ich das, niemals«, schrie
Mäusefriederike jetzt laut. »Lillimaus ist
klug. Lillimaus kann lesen. Habt ihr
denn die schönen Stunden vergessen, in
denen sie aus Büchern vorlas und
erzählte? Habt ihr vergessen, dass wir mit
den Geschichten in ferne Länder
geflogen sind? Wisst ihr nicht mehr, dass
wir über gewaltige Ströme und weite
Meere gesegelt sind? Erinnert euch, wie
ihr mit anderen Augen sehen konntet!
Wie ihr euch selbst gefunden habt!«
»Ruhe jetzt«, forderte der schlaue
Mäusejosef. »Die Lage ist viel zu ernst
für dein Geschwätz.«
Er schwang sich auf die andere
Armlehne des Sessels und rief:

»Ihr habt es mit eigenen Ohren gehört.
In ferne Länder hat sie euch gelockt. Ihr
seid in Gedanken über Ströme und
Meere in die Irre geführt worden. Ihr
solltet mit fremden Augen sehen und den
eigenen nicht mehr trauen. Blind hat sie
euch gemacht. Blind für die Gefahren,
die uns hier im grauen Haus umlauern.
Blind vor allem für die tödliche Gefahr
durch die große, getigerte Katz.«
Er machte eine Pause. Es war
mäuschenstill geworden.
»Hättet ihr die Katz gehört, wenn sie auf
Samtpfoten hereingeschlichen wäre?
Hättet ihr es gemerkt, wenn sie mit ihren
Krallendolchen einen nach dem anderen
aus eurem Kreis weggezerrt hätte? Nein
und abermals nein. Geschichten machen
blind und taub. Deshalb muss es mit den
Geschichten ein Ende haben. Sofort.
Ruck, zuck.«
»Safety first«, stimmte Mäuseadalbert
zu.
»Außerdem ist das Vorlesen reine

Zeitverschwendung«, knurrte die dicke Hermannmaus. »Wir haben die Zeit bitter nötig, um unsere Kräfte zu sammeln für die Nacht der Nächte, die uns den Himmel bringt.«

»Aber Geschichten sind doch wichtig und schön«, wagte Lillimaus zu flüstern. »Erinnert euch doch daran, wie gern ihr der Menschenköchin zugehört habt.«

»Du hast hier nur zu sprechen, wenn ich dich frage!«, brüllte der überaus starke Willibald. »Und jetzt frage ich dich, du weiße Pest: Ist es nicht so, dass man über dem Geschichtenlesen die Zeit und die Stunde vergisst?«

»Ja, aber . . .«

»Kein Aber. Ist es nicht so, dass man in Gedanken tief versinken kann?«

»Ja. Aber . . .«

»Hör auf mit deinem ständigen Aber. Ist es nicht so, dass man durch Lesen und Geschichtenhören beinahe wie verzaubert ist?«

»So ist es tatsächlich«, behauptete eine

junge Maus.

»Na also. Ihr seht es selbst. Lauter fauler
Zauber.«

Der überaus starke Willibald wandte
sich allen Mäusen zu und sagte:
»Ihr habt es vernommen. Punktum und
ruck, zuck. Ab sofort ist es verboten
Geschichten vorzulesen. Punktum.
Verboten ist es auch Geschichten zu
erzählen oder weiterzugeben. Verboten
sind alle Geschichten, die in den
bedrohlichen Büchern stehen. Wer
vorliest, erzählt oder zuhört, der ist ein
Feind des Rudels. Bücher sind
bestenfalls dazu da, um darauf zu
klettern, zu rutschen, zu hüpfen, sich
gelegentlich dahinter zu verstecken. Aber
auch das ist ja bekanntlich verboten.
Ausreißen müsste man die Seiten aus den
Büchern. Verbrennen sollte man sie alle.
Wer sich nicht an die Verbote hält, der
wird hinausgetrieben aus dem grauen
Haus. So wahr ich einen schönen, langen
Schwanz mein Eigen nenne, ab mit ihm

durch die Fensterklappe. Die Katz soll
den fressen, der unsere Gesetze
missachtet. Ruck, zuck. Er hat es nicht
besser verdient. Punktum.«

»Und die Geschichten der
Menschenriesin am Abend in der
Küche?«, fragte der Mausephilipp.

»Alle Geschichten sind verboten. Die
Menschenriesen sind unsere Feinde.
Wollt ihr euch etwa auf die Seite unserer
Feinde schlagen und hören, was sie zu
sagen haben? Nein und abermals nein.
Geschichten sind verboten. Punktum!«
Der Mausephilipp wollte noch etwas
einwenden, aber der schlaue Mäusejosef
schnitt ihm das Wort ab und rief: »Es
dämmert bereits. Gleich schlägt's sieben.
Ab in die Löcher.«

»Das Lesen hat er mir nicht verboten«,
fiel der Lillimaus ein, ehe sie sich
zusammenrollte und einschlief.

So kam es, dass sie selbst an diesem Tag
noch im Schlafe lächeln konnte.

s vergingen die restlichen Ruhenächte. Die Mäuse vergnügten sich mit Fressen und Spaziergängen durchs Haus, schaukelten auf dem Uhrpendel, schauten immer wieder zum Himmel hinauf und sangen ab und zu ein neues Lied. Das machte Mut und weckte Zuversicht.

Wir planen und wir bauen
zum Himmel hoch den Turm,
Mausmänner und Mausfrauen
frischauf zum letzten Sturm.

Es ist so weit.
Es steht die Zeit.
Die Uhr steht still,
weil unser Willibald es will.
Heiho, heiha,
weil unser starker,
ja, überaus starker,
heiho, heiha,
weil unser Willibald es will.

Zu Beginn der siebenten Nacht warteten alle darauf, dass die Menschenköchin sich aus der Küche entfernte. Kaum waren ihre Schritte verklungen, da schossen die Mäuse aus ihren Löchern hervor.

Die dicke Hermannmaus, der gewichtige Mausehugo und die Paulamaus, die auch einige Gramm zu viel auf die Waage brachte, sprangen auf das Pendel der Uhr. Der Pendelschlag wurde unter ihren schweren Körpern kürzer und kürzer und schließlich blieb die Uhr stehen. Kein Ticken war mehr zu hören.

Die Zeiger rührten sich nicht mehr von der Stelle. Die Zeit schien stehen geblieben zu sein. In völliger Stille arbeiteten die Mäuse. Mäuseadalbert brauchte kaum ein Zeichen zu geben. Jeder Handgriff war tausendfach eingebläut und saß. Holz stapelte sich auf Holz, Klotz auf Klotz. Die Tischkante war erreicht, die Lampe schließlich.

»Jetzt ist es ungefähr fünf Uhr«, warnte der Mausephilipp.

»Papperlapapp«, rief Mausikarin. »Die Zeit ist tot. Wir können in Ruhe weiterbauen.«

»Ohne mich«, muckte der Mausephilipp auf. »Das ist ja Größenwahn. Ich will nicht schuld sein an dem, was da kommen muss.«

»Wir sprechen uns später«, drohte der überaus starke Willibald. »Außerdem brauchen wir dich nicht. Nimm die Lillimaus gleich mit in die Bibliothek. Wir schaffen es auch ohne euch. Wir

rechnen später ab.« Er deutete mit der
Pfote zur Fensterklappe. Mausephilipp
und Lillimaus verließen die Küche. Sie
beobachteten durch den Türspalt, wie
der Turmbau fortschritt. Nur noch
wenige Zentimeter fehlten, dann würde
der Mäusehimmel erreicht sein.
»Der Turm schwankt«, warnte der
Mausebaumeister Adalbert. »Wir dürfen
nicht mehr alle darauf herumklettern.«
»Es fehlt doch nur noch ein einziger
Klotz«, sagte Willibald.
»Eben.« Mäuseadalbert bestimmte:
»Zwei Mausefedergewichte, nämlich
Mausemimi und Mausesamson, setzen
den Schlussstein. Dann ist der Himmel
erreicht und einer nach dem anderen
kann hinaufsteigen und in himmlischer
Wonne nach Herzenslust fressen.«
Lillimaus stieß den Mausephilipp an und
zeigte mit der Pfote zum Fenster der
Bibliothek. Das Morgenrot leuchtete
hell. Der Tag zog herauf.
Mausemimi und Mausesamson

schleppten ganz vorsichtig den letzten Klotz aufwärts. Es war eine schön gedrechselte Säule. Alle Mäuse standen in weitem Rund um den Turm und verfolgten, wie die beiden Stockwerk um Stockwerk emporkletterten. Niemand wandte auch nur einen Blick auf die schmale Ritze zwischen den beiden Vorhangteilen. Der erste Sonnenstrahl drang in die Küche, als Mausemimi die Turmspitze erreichte und vorsichtig die Säule aufrichtete.

In diesem Augenblick hörte man den dumpfen Tritt der Menschenköchin im Flur. Mausemimi erschrak zu Tode und ließ die Säule aus den Pfoten gleiten. Die fiel hinab und riss die unteren Hölzer mit. Der ganze Turm erbebte und schien mit einem Male in Bewegung zu geraten. Jeder Klotz, vor Sekunden noch fest in das Bauwerk eingefügt, wankte, stürzte, trug nicht mehr und wurde nicht mehr getragen. Mit einem anschwellenden gewaltigen Donner sank der Turm in

sich zusammen und begrub unter sich
den Mausesamson und die Mausemimi.
Die Tür wurde hastig aufgestoßen. Die
Menschenköchin stemmte die fetten
Arme in die Hüfte und schimpfte:
»Nichts ist in Ordnung in diesem alten
Haus. Die Uhr ist stehen geblieben. Der
ungezogene Bursche hat seine Bauklötze
nicht weggeräumt und die Mäuse laufen
unter dem Tisch herum.«
Tatsächlich hatten die Mäuse ihre
Schreckstarre abgeschüttelt, rasten in
wilder Panik durch die Küche und
suchten ihre Löcher.
Die Menschenköchin zog ihren Pantoffel aus
und warf nach den Mäusen. Sie traf die
Paulamaus. Die quiekte auf, blieb auf dem
Rücken liegen und tat keinen Mucks mehr.
Zitternd duckte sich das Rudel in die
äußersten Gänge des Mausebaus. Dort
wagten sich die Mäuse den ganzen Tag
nicht zu rühren. Erst spät in der Nacht
trauten sie sich aus ihren Schlupfwinkeln
heraus und suchten nach der

Mausemimi, dem Mausesamson und der
Paulamaus.

Aber sie fanden sie nicht.

Der überaus starke Willibald hatte den
schlauen Mäusejosef und die dicke
Hermannmaus und alle seine Anhänger
dicht um sich geschart. Überall ließ er
das Gerücht ausstreuen, man könne sich
denken, wer die Schuld an dem großen
Unglück trage. Immer wieder fiel der
Name: Mausephilipp. Der hielt sich im
Kreise von Mäusefriederike, Karlemaus
und Lillimaus auf. Auch einige jüngere
Mäuse schlugen sich auf seine Seite.

»War es nicht nur noch ein winziges
Stück bis zum Himmel?«, hetzte der
schlaue Mäusejosef. »Nicht mal ein
Mauseschwanz fehlte uns bis zum Sieg.«

»Ja, das stimmt«, klagte Mausikarin.
»Ein winziges Stückchen und wir hätten
es geschafft.«

»Stellt euch vor«, fuhr der Mäusejosef
listig fort, »stellt euch vor, der
Mausephilipp hätte nicht die Arbeit

verweigert. Stellt euch vor, er und
Lillimaus hätten mitgearbeitet bis zum
glorreichen Schluss. Mitgearbeitet nach
unserem Wahlspruch: flink wie
Fledermäuse, hart wie Tirolerbrot, zäh
wie Schweineschwarte. Wir hätten es
geschafft. Wir hätten, wahr und
wahrhaftig, wir hätten es geschafft. Das
große Ziel dicht vor Augen, haben uns
der Mausephilipp und die Lillimaus
schmählich im Stich gelassen, haben
unsere Idee verraten, unserem Rudel
großen Schaden zugefügt.«
»Die arme Mausemimi und all die
Toten!«, seufzte Mausikarin. »Deshalb
haben wir beschlossen den
Mausephilipp aus unserem Rudel
auszustoßen«, posaunte die dicke
Hermannmaus mit ihrem tiefsten Ton.
»Sauber werden muss unser Rudel. Die
Nichtmaus hat unsere Ehre besudelt. Sie
ist reif für die Katz.«
»Nein, nein, hört den Mausephilipp erst
an!«, rief Mäusefriederike. Aber der

Trupp, der dicht bei Willibald gestanden
hatte, stürzte vorwärts, packte den
Mausephilipp, zerrte ihn hinter den
Vorhang und warf ihn durch die
Fensterklappe hinaus in den Garten.
Karlemaus und einige Mäuseburschen
hatten den Mausephilipp zu verteidigen
versucht, aber der Trupp des Willibald
war gewalttätig auf sie eingestürmt und
hatte sie niedergeboxt. Verschüchtert
drängten sie sich um Lillimaus in eine
Ecke.
»Was machen wir mit dem aufsässigen
Gesindel dort?«, fragte die dicke
Hermannmaus. »Am besten auch gleich
durch das Fenster mit ihnen und ab und
auf Nimmerwiedersehen.«
Er stürmte schon los.
»Alles zu seiner Zeit.« Der überaus
starke Willibald hielt ihn zurück.
Mäusejosef sagte:
»Wenn sie aus der Strafe an der
Nichtmaus gelernt haben, sollen sie eine
Chance erhalten. Schließlich sind wir

keine wüsten Unholde.«
Willibald redete die eingeschüchterte
Gruppe barsch an:
»Ich lasse bis drei zählen. Wenn ihr euch
dann zerstreut und unter das Rudel
gemischt habt, dann sollt ihr für diesmal
von Strafen frei ausgehen.«
Laut zählte sein Trupp. Bis drei brauchte
niemand zu zählen. Schon bei zwei hatte
sich die Gruppe zerstreut. Selbst
Lillimaus war, fast krank vor Angst,
fortgerannt. Sie hockte sich hinter einen
Bücherstapel in der Bibliothek und
weinte. Düstere Gedanken quälten sie.
Warum hatte sie sich nicht vor den
Mausephilipp geworfen und ihn mit
Zähnen und Klauen verteidigt?
Vielleicht hätten sich andere Mäuse von
solcher Tapferkeit mitreißen lassen.
Warum hatte sie zitternd zugeschaut, wie
der, den sie liebte, aus dem Fenster
gestürzt worden war? Sie wusste, dass sie
niemals diese Nacht vergessen konnte.
Ganz klar wurde es ihr, dass der Boss sie

alle fest in der Hand hatte. Immer härter würde er sie bedrängen und immer gewaltsamer unterdrücken, morgen und übermorgen und immer. Wenn nicht . . .

s war dies die Stunde, in der
die kleine, weiße Lillimaus
sich entschloss dem überaus
starken Willibald offen
entgegenzutreten, komme, was da wolle.
Gleich nachdem die Mäuse Schlag
sieben in ihre Löcher gekrochen waren,
weihte sie Karlemaus und
Mäusefriederike in ihre Pläne ein.
»Ich werde wieder Geschichten
erzählen«, sprach sie nicht gerade leise
und ohne besondere Vorsicht.
»Ist doch verboten«, flüsterte
Mäusefriederike erschrocken.

»Ich werde wieder aus den Büchern vorlesen«, sagte Lillimaus trotzig.

»Ist auch verboten«, wisperte Karlemaus und schlug die Augen nieder.

»Ich werde es tun.«

»Mutig, mutig«, spottete Mäuseemil, der eilig vorüberhuschte. In einiger Entfernung blieb er stehen und rief zurück:

»Mit etwas weniger Mut wäre der Mausephilipp noch lebendig. Das solltest du bedenken, Lillimaus.«

Müde von der aufregenden Nacht, waren der überaus starke Willibald und sein Trupp bald in tiefen Schlaf gesunken. Nur der schlaue Mäusejosef lag wach und dachte sich aus, was in den nächsten Nächten zu tun sei, um das Rudel in Atem zu halten. Mit einem Mal war es ihm, als ob in den Gängen ein Schleichen und Herumstreifen zu hören sei. Vorsichtig ging er den Geräuschen nach. Bald hatte er entdeckt, was da vor sich ging. Lillimaus hatte wohl ein

Dutzend Mäuse um sich geschart. Gerade begann sie zu erzählen. Der schlaue Mäusejosef hielt sich im tiefen Schatten verborgen und lauschte. Es war eine kurze Geschichte, die er da hörte. Es hatte ein Mann in der Schweiz den Landvogt erschossen, der über das Volk herrschte. Der Landvogt hatte das Volk arg gequält und bedrängt. Er selbst arbeitete nicht. Das Volk ließ er schwer arbeiten. Er allein bestimmte, was als Recht gelten sollte. Er machte harte Gesetze. Das Volk musste sich tief vor ihm beugen, wenn er hoch zu Ross vorüberritt. Ja, er hatte sogar auf den Plätzen in der Stadt jeweils einen seiner Hüte auf eine Stange gesteckt. Diesen Hut des Landvogts mussten die Menschenriesen voller Ehrfurcht grüßen, wenn sie vorübergingen. Vieles Böse dachte er sich aus, um die Menschen in den Staub zu treten. Da legte ein Mann einen Pfeil auf seine Armbrust und schoss den Tyrannen nieder. Der Name des

Mannes ist nicht vergessen worden. Er heißt Wilhelm Tell.

»Wie nennt man bei den Mäusen einen solchen Tyrannen?«, fragte ein Mausemädchen keck.

»Boss nennen wir solche Tyrannen bei uns«, antwortete Lillimaus.

Der schlaue Mäusejosef zuckte zusammen. War Lillimaus lebensmüde? Das konnte er nicht durchgehen lassen. Diese Geschichte, das erkannte der schlaue Mäusejosef ganz klar, die war aus den Köpfen der Mäuse nicht mehr auszutreiben. Solche Geschichten, dachte er, sind für uns höchst gefährlich. Sie kratzen an Willibalds Stärke. Sie nagen am blinden Vertrauen zur Hermannmaus. Sie bohren Löcher in meine Pläne. Was zu viel ist, das ist zu viel.

Er trat aus dem Schatten heraus. Er sagte kein Wort. Er stand nur da, eine Zornesfalte tief in die Stirn gegraben. Hätte er getobt, geschimpft, gedroht,

vielleicht hätten ihm die Mäuse, die
Lillimaus zugehört hatten, widerstanden.
So aber schmolz ihr Mut unter
Mäusejosefs strengem Blick. Sie liefen
eine nach der anderen davon. Als er am
Ende ganz allein der Lillimaus
gegenüberstand, zischte er:
»Heute Nacht!«
»Ich weiß es«, antwortete Lillimaus.
»Du kannst mir Angst machen. Aber
zum Schweigen wirst du mich nicht mehr
bringen.«
Mäusejosef starrte sie voller Hass an und
sagte: »Heute Nacht. Dein Hochmut wird
dir schnell vergehen. Und das
Geschichtenerzählen auch. Tote Mäuse
schweigen nämlich.«
Hastig drehte er sich um und
verschwand. Lillimaus fühlte sich
erleichtert. Sie zitterte zwar vor dem, was
die Nacht bringen würde. Aber es kam
ihr so vor, als ob sie ihrem Mausephilipp
ganz nahe wäre.

ie Geschichte, die Lillimaus
erzählt hatte, war am selben
Tag noch von Mund zu
Mund gegangen. Das Rudel brauchte
gar nicht erst zusammengetrommelt zu
werden. Ganz ohne Befehl sammelten
sich alle im Wohnzimmer. Aber kein
Jubel klang auf, keine Begeisterung
entflammte. Mürrisch schauten viele
Mäuse vor sich auf den Boden. Einige
murmelten etwas vor sich hin, und das
klang bedrohlich, ja rebellisch. Der
überaus starke Willibald setzte sich auf
seinen Plüschthron. Er machte keine

langen Sprüche. Er sah ein wenig müde aus. Ohne Umschweife verkündete er das Urteil: »Lillimaus, das weiße Scheusal, muss sterben. Sie hat unsere Gesetze mit Füßen getreten. Sie hat sich gegen meine Befehle . . .«

»Was ist das für ein herrlicher Duft, der uns da in die Nase steigt?«, unterbrach Karlemaus den Boss.

Der winkte ärgerlich ab und fuhr fort: «. . . hat sich gegen meine Befehle gestellt. Sie ist eine Schande für das Rudel. In dieser Stunde der großen Katzengefahr hat sie uns allen geschadet. Deshalb: ab durch die Fensterklappe. Hinaus mit ihr in den Garten. Schädlinge des Rudels müssen ausgemerzt werden. Hinaus zur getigerten Katz mit ihr.«

Nun waren es bereits viele Mäuse, die ihre Nasen in die Luft steckten und schnupperten.

»Herrlich«, schwärmte Mausikarin und verdrehte vor Entzücken die Augen.

Schon wandte sich das Mäuserudel von dem überaus starken Willibald ab und setzte sich in Bewegung, von dem Duft unwiderstehlich angezogen.

»Wollt ihr wohl!«, drohte die dicke Hermannmaus, die es sich dicht unter dem überaus starken Willibald auf der Sitzfläche des Sessels gemütlich gemacht hatte.

Aber dann stieg der Wohlgeruch auch zu ihr hinauf. Es roch herrlich nach angebratenem Speck. Von dem Duft allein wurde den Mäusen schwindelig vor Wonne. Sie liefen immer ihrer Nase nach und fanden den Leckerbissen. Ein stattlicher Speckwürfel, knusprig braun angeröstet, lag dort auf dem Steinboden der Küche. Genauer gesagt, er wurde den Mäusen auf einer Art Frühstücksbrett serviert. In engem Kreis scharten sich alle, Schnäuzchen an Schnäuzchen, um die köstliche Speise. Ihre Stricknadelschwänze hatten sie vor wilder Erwartung hoch aufgerichtet. Sie

saugten die würzigen Duftwellen
begierig ein.

»Leider nicht genug für alle«, sagte der
schlaue Mäusejosef. »Von dem Würfel
werden nie und nimmer alle satt.«

»Einen Happen für jeden«, bettelte
Mäuseemil. »Wenigstens ein winziges
Häppchen Seligkeit.«

Alle schauten auf den überaus starken
Willibald und warteten auf seine
Anweisungen. Der hätte den warmen
Speck am liebsten allein aufgefressen.
Aber das vorzuschlagen traute er sich
nun doch nicht. Er wusste, dass dann ein
Aufstand ausbrechen würde. Deshalb
entschied er:

»Alle stellen sich um den Speck in
langer Reihe auf. An zweiter Stelle steht
die Hermannmaus, dann der Mäusejosef,
auf dem vierten Platz Mausikarin.«

»Und wer steht ganz vorn?«, wollte
Karlemaus wissen.

»Dumme Frage«, brummte Willibald.

»Der Boss steht immer vorn. Wer denn sonst?«

So teilte er sie alle genau ein. Sein Trupp erhielt die vorderen Plätze und ziemlich zuletzt mussten sich die Mäusefriederike und die Karlemaus einreihen.

»Und Lillimaus?«

»Erst wird gefressen und dann wird sie verbannt«, bestimmte der überaus starke Willibald.

»Zusehen soll sie, zusehen, wie wir uns laben.« Dem schlauen Mäusejosef schaute die Lust zu quälen aus den Augen. Gehässig stieß er hervor:

»Nie soll sie vergessen, wie gut sie es bei uns hatte.«

»Sehr richtig. Lillimaus soll sich dicht neben das Frühstücksbrett stellen. Riechen, sehen, hungern soll sie«, bestätigte Willibald.

Lillimaus hatte es auf den ersten Blick entdeckt. Da klebte ein weißes Zettelchen auf dem Brett. Voll gedruckt mit winzigen Buchstaben war es. Lillimaus trat ganz nahe an das Brett heran.

»So ist's recht«, spottete Mausikarin.
»Starr nur mit deinen roten Augen auf
den Speck. Rot: Heißt das nicht auch bei
den Menschenriesen: Nichts geht mehr?«
Die Mäusereihe war sehr lang. In weitem
Bogen standen die Mäuse
hintereinander. Karlemaus konnte sich
ausrechnen, dass für ihn wohl kaum
mehr heraussprang als der herrliche
Duft.

»Warum muss immer der Boss der Erste
sein?«, begehrte er auf. »Ich möchte auch
mal ganz vorn stehen.« Lillimaus hatte
inzwischen entziffert, was auf dem Zettel
stand. Jeden einzelnen Buchstaben hatte
sie gelesen, jedes Wort, jeden Satz hatte
sie genau verstanden. Sie allein wusste,
dass der Speck nicht freundlich auf einem
Frühstücksbrett dargeboten wurde. Sie
allein erkannte die tödliche Gefahr, die
von dem Speck ausging. Eine
verlockende Mausefalle hatte die
Menschenköchin aufgestellt. Wer als
Erster den Speck berührte, der war des

Todes. Der Boss wollte der Erste sein. Das Ende des Tyrannen war nahe. Der überaus starke Willibald putzte sich noch einmal seinen Bart und sprach dann andächtig:

»Lasst uns zum festlichen Mahle schreiten.«

»Und wieder bist du ganz vorn«, knurrte die Karlemaus und viele Mäuse aus dem hinteren Teil der Reihe stimmten ihm zu. Schon geriet der überaus starke Willibald in Wut und wollte den Schreihals zurechtweisen. Da flüsterte ihm der schlaue Mäusejosef ins Ohr: »Hol ihn an die Spitze. Lass ihn zuerst beißen. Für uns bleibt in jedem Fall genug übrig. So macht man sich einen Feind zum Freund.« Das leuchtete dem Willibald ein. Er rief zur Karlemaus hinüber: »So komm nur, lieber Freund. Zwar ist's nicht recht, aber es soll nicht so aussehen, als ob ich mir irgendeinen Vorteil verschaffen wollte. Boss sein, das heißt seinem Rudel dienen.«

Karlemaus war ganz verwirrt. Das hatte
er nicht erwartet. Lillimaus aber, die wie
im Fieber dem Treiben zugeschaut hatte,
gab alle Hoffnung auf. Wäre der Boss
erschlagen worden, dann hätte das ihre
Rettung bedeutet. Aber nun trottete
Karlemaus arglos auf die Falle zu. Nun
rannte er in das Verderben und wollte
sich in den Tod fressen.

»Halt!«, schrie Lillimaus laut. »Halt!
Keiner darf den Speck berühren. Der
Speck ist gefährlich. Gefährlicher ist er
als selbst die große, getigerte Katz.«
Der überaus starke Willibald warf sich in
die Brust und fragte überheblich:
»Gefährlich? Seit wann ist
angeräucherter Speck gefährlich? Willst
du uns etwa den Appetit verderben?«
»Mit Speck locken die Menschenriesen
Mäuse in die Falle«, antwortete
Lillimaus. Die Mäuse wichen erschreckt
ein paar Schrittchen zurück. »Und woher
hat die kalkweiße Mäusedame ihre
Weisheit?«, fragte der schlaue Mäusejosef spitz.

»Es steht dort auf dem Zettel.«

»Lügengeschichten«, kreischte die dicke Hermannmaus. »Lauter Lügengeschichten. Geschichten erfinden, ja, darin ist sie ganz groß, das rotäugige Luder. Früher hat man so was als Hexe verbrannt.«

»Sie soll vorlesen, was auf dem Zettel steht«, forderte die Mäusefriederike.

»Ja, ja«, stimmten andere Mäuse zu. »Lillimaus soll vorlesen.«

»Vorlesen ist leider, leider verboten. Das ist ein Gesetz vom Boss«, antwortete Lillimaus listig.

»Nun lies schon, du Wurm«, fauchte der überaus starke Willibald. »Was ich heute sage, das gilt. Ich allein bin das Gesetz.«

Lillimaus räusperte sich, trat noch ein paar Schrittchen näher an das Brett heran und las mit lauter, klarer Stimme:

»Gebrauchsanweisung. Befestigen Sie den Räucherspeck auf dem beweglichen Brettchen. Ziehen Sie den Federbügel ganz zurück. Legen Sie den Spanndraht

über den Bügel. Heben Sie das
bewegliche Brettchen an. Schieben Sie
das Ende des Spanndrahtes in die Öse
des Brettchens. Die Mausefalle ist bereit.
Vorsicht! Der Federbügel schlägt bei der
geringsten Berührung zu. Der Schlag
tötet jede Maus zuverlässig.«

»Lauter erfundener Unsinn«, maulte die
dicke Hermannmaus. »Du willst dich nur
wichtig machen.«

»Wenn du so sicher bist, dann fang doch
selber an. Friss du als Erster. Ich
jedenfalls bedanke mich dafür«, sagte
Karlemaus und lief an das Ende der
Schlange zurück.

Das wollte die Hermannmaus nun doch
nicht wagen und stotterte, schließlich
wisse sie, wo ihr Platz sei und was sich
gehöre und überhaupt.

»Könnten wir nicht diesmal unsere
kleine Lillimaus, das überaus kluge
Fräulein, zuerst zu Tische gehen lassen«,
schlug der schlaue Mäusejosef vor.
»Diesmal soll die Allerletzte die Erste sein.«

»Und wenn sie recht gelesen hat, dann sind wir sie glücklich los und brauchen uns nicht die Pfoten schmutzig zu machen«, sagte die Hermannmaus grob.

»Und müssen nicht schwitzen und sie nicht hoch hinauf zum Fenster schleppen«, fügte Mausikarin hinzu.

»Wenn die Falle zugeschnappt ist, dann lassen wir uns den Speck gut schmecken«, plante Mäuseemil und leckte sich die Lippen.

»Wer hat's hier eigentlich zu sagen? Wer eigentlich ist hier der Mäuseboss?«, schnaubte Willibald wütend. Er drehte sich überaus stark herum. Dabei fegte sein schöner Schwanz über den Speckwürfel. Die leichte Berührung genügte. Mit einem Knall schnappte die Falle zu. Alle zuckten zusammen. Willibald aber begann überaus stark zu jammern. Der Drahtbügel hatte ihm mehr als die Hälfte seines schönen Mauseschwanzes abgeschlagen. Er tanzte vor Schmerz auf den Vorderpfoten und streckte seinen Schwanzstummel hoch in die Luft. Das sah nicht sehr stark aus. Willibald glich eher einem Clown im Mäusezirkus.

Zuerst kicherte
Mäusefriederike. Dann
lachte die Karlemaus laut.
Der Mauseerna kullerten vor Lachen die
Tränen aus den Augen. Der Mäuseemil
fiepte vor Vergnügen in den
allerhöchsten Tönen: »Flink, hart,
zäh!«
»Die Katz! Die Katz!«, schrie der schlaue
Mäusejosef so laut er nur konnte.
Keiner fiel mehr auf diesen Ruf herein.
Niemand gehorchte dem Mäusejosef.
Vielmehr lachte das ganze Rudel. Es
tanzte wie befreit um den jetzt so

überaus schwachen Willibald herum und auch um den bedeppert dastehenden Mäusejosef und um die dicke Hermannmaus, die verzweifelt die Pfoten gegen die Augen presste.

Schließlich hielten sie erschöpft ein und es wurde ruhiger.

Da sagte Karlemaus:

»Dass mir keiner mehr die Falle berührt! Ihr habt es gesehen: Die Lillimaus kann wirklich lesen. Sie hat uns das Leben gerettet. Dass mir keiner an dem Speck naschen will.«

»Wir sind doch nicht lebensmüde!«, sagte die Mauseerna und der Mäusepitt stimmte zu und rief: »So dumm kann doch keine Maus sein, dass sie in die Falle geht!«

»Augenblick, liebe Freunde«, rief da die Lillimaus. Sie lief auf die Mausefalle zu und biss ein kleines Stückchen von dem Rauchspeck ab. Allen stockte der Atem. Lillimaus aber trat bescheiden zurück und sagte: »Der Nächste, bitte.« Keine

einzige Maus traute sich das Angebot anzunehmen.

Da erklärte Lillimaus:

»Die Falle ist doch längst zugeschlagen. Nur wenn die Falle gespannt ist, dann ist sie gefährlich.«

Das leuchtete den Mäusen ein. Sie nippten alle von dem Speck und dachten an die schönen Tage, als sie noch in der Vorratskammer nach Herzenslust fressen durften und Willibald noch nicht so viele Freuden verdorben hatte.

»Wo steckt der Willibald eigentlich?«, fragte die Karlemaus.

»Der ist ins Loch gekrochen. Er schämt sich«, antwortete Mauseberta.

»Ohne Schwanzspitze kann er nicht länger Boss sein«, rief die dicke Hermannmaus. »Also werde ich in Zukunft euer Boss sein. Alles tanzt, ruck, zuck, nach meiner Pfeife. Ein Boss, ein Haus, ein Rudel!«

»Nein!«

Die Karlemaus hatte sich hoch auf die

Hinterpfoten gestellt und sprach noch einmal: »Nein.«

Alle schauten auf ihn. Wollte Karlemaus am Ende selbst Boss werden?

Karlemaus aber forderte:

»Lillimaus ist die einzige Maus, die lesen kann. Sie ist klug. Sie hat uns gerettet. Bis tausend kann sie zählen.

Lillimaus soll unser Boss sein.«

Zuerst staunten alle und schwiegen. Dann aber kam Jubel auf und fast alle Mäuse stimmten in den Ruf ein:

»Mäuseboss in diesem Haus, das ist unsere Lillimaus.«

»Nein«, sagte Lillimaus. Immer wieder sagte sie: »Nein!«

Schließlich verklang der Jubel. Lillimaus sagte noch einmal laut: »Nein.« Dann fuhr sie fort: »Wir brauchen keinen Boss, der alles besser wissen will und der es allein zu sagen hat. Der Willibald hat sich selbst zum Boss gemacht. Wir haben seinen Versprechungen geglaubt und ihn gewähren lassen. Ihr habt ja gesehen,

was daraus wurde. Marschieren,
marschieren, marschieren.
Funktionieren, funktionieren. Nicht
selber denken, sondern blind parieren.
Ich bin dafür, dass wir alle das Denken
wieder lernen.«

»Und beraten wie früher?«, fragte der
Mäusepitt.

»Und keine Angst mehr haben?«

»Abstimmen und uns einigen?«, fragte
der Mausehugo.

»Rennen und rutschen in der Bibliothek?«

»Klettern und springen auf den
Bücherstapeln?«

»Den schönen Geschichten der
Menschenriesin zuhören?«

»Und um die Erde auf dem Globus
laufen?«, fragte die Mäuseminna zaghaft.

»Über China und Japan hinweg und
über den riesigen Stillen Ozean?«

»Genau das wollen wir tun«, sagte die
Lillimaus. »Wer sollte uns daran
hindern?«

»Die Katz«, sagte die Hermannmaus

verdrießlich. »Denkt an die Katz. Wenn
sie kommt, dann muss alles ruck, zuck
gehen, damit sie keinen von uns
schnappen kann. Ich würde bestimmt ein
hervorragender Boss sein.«

Aber niemand beachtete ihn.

»Wer die Katz als Erster sieht, der schreit
ganz laut: Mäusefresser! Mäusefresser!
Alle huschen dann in ihre Löcher. Im
Mäusebau sind wir sicher und können
dort in Ruhe beraten«, schlug die
Karlemaus vor.

»Wenn es überhaupt eine große,
getigerte Katz im Garten gibt«, sagte
Lillimaus und dachte an ihren
Mausephilipp.

»So wird's gemacht«, rief die
Mäuseminna fröhlich.

»Alles wird genau, wie es früher war«,
meldete sich der Mausegeorg zu Wort.

»Besser müssen wir es machen«,
erinnerte Lillimaus die Mäuse, »besser
als früher, viel besser.«

»Es wird gemacht, wie Karlemaus es

gesagt hat«, sagte Mausehugo.

»Mäusefresser ruft der, der die Katz
sieht. Und dann nichts wie ins Loch.«

»Wollen wir nicht doch lieber darüber
abstimmen?«, fragte Lillimaus.

Sie hoben alle ihre Schwänze. Selbst der
schlaue Mäusejosef, der sich in eine
dunkle Ecke verzogen hatte, hob den
Schwanz ein wenig.

Es wurde wieder schön in dem großen
Haus. Sie wählten einen jungen
Präsidenten und Lillimaus versprach
ihm das Zählen beizubringen. Sie
rannten und spielten, fraßen sich in der
Vorratskammer satt, drehten ihre
Runden auf dem Globus und machten
vieles gemeinsam.

Eines hatten die Mäuse dazugelernt.
Keine sollte es mehr wagen zu sagen: Ich
bin der Boss. Ich hab's zu sagen.

Sie hätten ihn alle ausgelacht.

Lillimaus aber saß in jeder mondhellen
Nacht in der Küche am Fenster und
spähte in den Garten. Eine Katze sah sie

nicht. Doch ob sie ihren herzlieben Mausephilipp wieder gefunden hat, das muss ein andermal erzählt werden.